Austermann / Wohlleben • **Krabbelfinger werden größer**

Marianne Austermann • Gesa Wohlleben

Krabbelfinger werden größer

Spiel und Spaß
für Ein- bis Dreijährige

Mit Fotos von Gudrun Steinfort

Kösel

Hinweise

Alle in diesem Buch gemachten Angaben, Daten und Anregungen wurden von den Autorinnen nach bestem Wissen erstellt und vom Verlag sorgfältig überprüft. Dennoch erfolgen die Angaben ohne Garantie oder Verpflichtungen. Deshalb werden vom Verlag und von den Autorinnen keinerlei Verantwortung oder Haftung für eventuelle Unrichtigkeiten, Schäden oder Nachteile übernommen.

Für die Erlaubnis zum Abdruck folgender Beiträge danken wir den Autoren und Verlagen:

S. 44: Zappeltanz zum Karneval/Alle Indianer stampfen. Text: Ortfried Pörsel. Musik: Heinz Lemmermann. Aus: »Der Rummelpott«. Rechte beim Fidula-Verlag, Boppard/Rhein.
S. 49: Ich bin ein kleines Pony. Text und Musik: Klaus W. Hoffmann. © Aktive Musik Verlagsgesellschaft mbH, Dortmund.
S. 56: Ich heiße August Fridolin. Text und Melodie: Barbara Böke. Aus: »Lernspiele«, Band 2. Fidula-Verlag, Boppard/Rhein.
S. 60: Rummelbummel. Text und Melodie: Thilde Lorenz. Von der Fidula-Cassette 4415 »Tänze für Kinder/Spiellieder«. Fidula-Verlag, Boppard/Rhein.
S. 69: Eine Segelbootpartie. Aus: Erich Weinert »Gesammelte Gedichte«. © Aufbau-Verlag Berlin und Weimar 1970.
S. 100: Wenn sich die Igel küssen. Text und Musik: Heinrich Kuhnen, Kempen. Rechte beim Autor.

Trotz gewissenhafter Recherchen ist es leider nicht in allen Fällen gelungen, Autor oder Fundstelle ausfindig zu machen. Wir bitten gegebenenfalls um Nachricht, damit bei einer Nachauflage eine korrekte Quellenangabe erfolgen kann. Alle nicht gesondert gekennzeichneten Verse oder Lieder stammen von den Autorinnen.

2. Auflage 2007

Umschlag: fuchs-design, München
Umschlagfoto: Gudrun Steinfort, Berlin
Layout: Regina Rilz, München
Illustrationen: Renate Sander, Berlin
Notensatz: Christa Pfletschinger, München
Druck und Bindung: Kösel, Krugzell
Printed in Germany
ISBN 978-3-466-30677-0

Gedruckt auf umweltfreundlich hergestelltem Bilderdruckpapier (säurefrei und chlorfrei gebleicht)

www.koesel.de

Inhalt

Vorwort

Der Erfolg unseres ersten Buches *Zehn kleine Krabbelfinger* hat das Bedürfnis nach spielerischen Anregungen für die Kleinsten bestätigt, doch auch den Appetit auf weiteren Spielspaß für ältere Kinder geweckt.

Bei den ganz Kleinen ging es im Wesentlichen um Anregungen aus dem Bereich Berührung, um Hören und Sehen und erste einfache Bewegungsspiele. Jetzt, bei den Ein- bis Dreijährigen, stehen Anregungen für die psychomotorische Entwicklung im Mittelpunkt.

In diesem Alter sind Motorik und Wahrnehmung eng miteinander verknüpft. Unsere Spiele berücksichtigen daher den Bewegungsdrang, der die Spielhandlungen bei großer Neugier und Entdeckerlust stark beeinflusst. Auch bei ruhigeren, schöpferischen Aktivitäten wie Malen und Basteln kommt es dem Kind weniger auf das Ergebnis als auf das Tun an.

Alle Spiele und Anregungen beruhen auf jahrelanger praktischer Erfahrung mit unseren Spielgruppen. Hier entstanden auch die Fotos. Wir möchten an dieser Stelle den Kindern und Eltern, die mit viel Spaß bei der Entstehung der Fotos mitgewirkt haben, ganz herzlich danken. Danken möchten wir auch dem engagierten Frauenteam, der Grafikerin Renate Sander, der Fotografin Gudrun Steinfort und der Herstellerin Regina Rilz, die unser Buch so liebevoll gestalten halfen. Ebenfalls danken wir Michael Ruge und seiner Familie für die einfühlsame Vertonung der Lieder. Insbesondere aber danken wir unserer Lektorin Dagmar Olzog, die uns wieder mit Geduld und sensibler Beratung half, die Konzeption unseres Buches mit Freude zu realisieren.

Unsere Spiele und Anregungen sind einfach nachzuvollziehen und wollen Eltern ermutigen, selbst kreativ und initiativ zu werden. Viele Dinge, die Erwachsene oft gedankenlos wegwerfen, haben für Kinder dagegen einen besonderen Reiz. Es lohnt sich daher, für viele Gelegenheiten einen Vorrat von Sachen zu haben, die eigentlich in der Mülltonne gelandet wären, zum Beispiel Zeitungen, Korken aller Art,

Papprollen, Eierkartons, verschiedene Schachteln und Becher, Bierdeckel, leere Plastikflaschen, Stoff- und Wollreste, Knöpfe, Wellpappe, Filmdöschen usw. Auch alte Hüte, Handtaschen, Modeschmuck, Kleider, Tücher usw. eignen sich hervorragend als Requisiten für so manches Spiel.

Suchen Sie Kontakt zu anderen Eltern mit altersentsprechenden Kindern und sorgen Sie für regelmäßige Begegnungen. In kleineren Gruppen von maximal zehn Kindern kann eine gesunde soziale und emotionale Entwicklung des Kindes im Schutz der Eltern besonders gut unterstützt werden und so eine gute Vorbereitung auf Kindergarten oder Vorschule darstellen.

Die Möglichkeit, andere Kinder zu erleben sowie Erfahrungen mit anderen Eltern austauschen zu können, vermittelt Eltern mehr Sicherheit. Da Spielspaß ansteckend sein kann, hoffen wir, dies mit unseren Anregungen bei Kindern und Erwachsenen zu erreichen, und wünschen allen Beteiligten viel Freude!

Die Bedeutung des Spielens

*»Spielen ist Nahrung für Körper,
Seele und Geist.«*

Hat das Baby in seinem ersten Lebensjahr den ständigen Kontakt zum Erwachsenen noch gebraucht, um sich spielerisch »gesund zu ernähren«, so kann es zunehmend selbstständiger seine spielerische »Ernährungsweise« bestimmen, wenn der entsprechende Rahmen vorhanden ist.

Leider lassen sich in der Erziehung keine Rezepte aufstellen, daher werden Sie als Eltern gefordert, den »goldenen Mittelweg« zu finden. Kontakt, Zeit und Geduld sind wichtige Faktoren, Kleinkindern die Chance einer geschützten, harmonischen Umgebung zu bieten, in der sie spielen, träumen und glücklich sein können.

Mangelnde Anreize und Anregungen können ein Kind in seiner gesamten Persönlichkeitsentwicklung hemmen, weil es mit »Nahrung unterversorgt« ist. Ebenso überfordern einseitige Frühförderungsprogramme ein Kind und machen es lustlos, weil es »Verdauungsprobleme« bekommt.

Oft ist die Reizüberflutung schon im Kleinkindalter groß und der Einsatz des Fernsehers als Babysitter verhindert ein gesundes Spielverhalten mit entsprechendem Bewegungsraum. Das fertige Fernsehbild gibt wenig Anreiz zu eigener Phantasie, der schnelle Filmablauf schränkt den Spielraum für Gedanken, Fragen oder Spielaktionen ein.

Wer ein Kind beim Spielen beobachtet, sieht, wie viel unermüdliches Üben hinter neu erworbenen Fähigkeiten steckt und welche Freude die Kinder am eigenen aktiven Handeln haben. Dabei ist das Kleinkind anfangs in erster Linie damit beschäftigt, den eigenen Körper, dessen wachsendes Können sowie die Menschen seiner Umgebung kennen zu lernen. Alle Gegenstände in seiner Umgebung werden zum Spielzweck und ziehen es in seinen Bann.

ACHTUNG Wird ein Kind mit zu viel Spielzeug oder Anreizen überfüttert, so wird es ratlos und in seiner Entscheidungs- sowie Konzentrationsfähigkeit gehemmt.

Spielsachen müssen weder neu noch teuer sein. In erster Linie kommt es darauf an, wie sie dem Kind präsentiert werden. So wird ein Kuscheltier oft erst dann interessant, wenn es dem Kind mit einem Kitzel- oder Schmusespiel nahe gebracht und »zum Leben erweckt« wird.

Beim gemeinsamen Spiel erfährt das Kind vielerlei Impulse für seine gesamte Entwicklung. Hautnaher Kontakt, Singen und Sprechen fördern das Gefühl für Rhythmus, Melodie und Sprache.

Kann das Kind sich aufrichten und laufen, werden seine Hände nicht mehr zum Krabbeln gebraucht. Es versucht eifrig, Gebärden und Bewegungen seiner Vorbilder nachzuahmen.

TIPP Finger- und Handpuppen können Phantasie und Sprachspiele unterstützen.

Aus dem Bereich des täglichen Lebens lassen sich viele gemeinsame Spiele erfinden. Außerdem lieben Kinder dieser Altersstufe Wiederholungen und entwickeln dabei oft große Ausdauer. Mit wachsendem Alter werden erste Gruppenspiele begeistert wahrgenommen. Dabei kann es leicht zu Konflikten kommen, wenn das zunehmende Streben nach Selbstständigkeit zu wenig berücksichtigt wird. Viel Geduld und Sensibilität ermöglicht ein richtiges Maß zwischen Freiraum und Anleitung.

Spielen ist für das Kind eine ernste Tätigkeit. Mit Konzentration und Ausdauer lernt es, verschiedene »Probleme« zu bewältigen, und auch die Phantasie wird in besonderer Weise entwickelt.

Von seinem intensiven Spiel kann sich ein Kleinkind manchmal nur schwer trennen. Fließende Übergänge – wie gemeinsam eine Überleitung aus dem Spiel in die von den Eltern gewünschte Richtung zu suchen – sowie zeitige Ankündigungen helfen, mit einem Spielabbruch leichter fertig zu werden.

Im Spiel setzt sich das Kind mit der Welt der Erwachsenen auseinander. Dabei lernt es seine wachsenden Fähigkeiten kennen, worauf sich

Stolz und Selbstvertrauen aufbauen, wobei aber auch Grenzen deutlich werden.

ACHTUNG Kinder dieser Altersstufe wollen ihre Grenzen herausfinden; Grenzenlosigkeit kann genau wie Einengung zu Angst und Verunsicherung führen.

Im Spiel mit Gleichaltrigen erfährt Ihr Kind die Auswirkungen seiner Handlungen, lernt teilen, etwas für sich zu behalten und es zu verteidigen. Beobachten Sie sein Spielverhalten und geben Sie nur dann neue Anregungen, wenn die Spielfreude erlahmt und neuer Spielschwung notwendig wird. Ein Kind sollte nie beim selbstständigen Spiel gestört werden, nur weil der Erwachsene Lust zum Zusammenspiel hat. Spielförderung sollte immer vom Kind ausgehen, damit es zu keiner Überforderung kommt.

Genießen Sie die Freude, das Wachsen, die Kontakt- und Spielbereitschaft Ihres Kindes mit Gelassenheit. Versetzen Sie sich häufiger in Ihre eigenen Kindheitsträume und -wünsche, so können Sie Ihr Kind sicher auch in kritischen Phasen besser verstehen.

Lassen Sie sich in das Zauberreich der Phantasie entführen, in dem auch Erwachsene viel lernen können. Wir möchten Ihnen mit unserem Buch auf die Sprünge helfen und wünschen Ihnen dabei viel Spaß.

Die Entwicklung des Kleinkindes

Für die Entwicklung gibt es keine starren Normen. Bei einem gesunden Kind können Sie seinem individuellen »Entwicklungsfahrplan« vertrauen. Da die Entwicklung sehr vielschichtig ist, können wir Ihnen im Rahmen unseres Buches nur einen Überblick geben.

ACHTUNG Nehmen Sie bitte alle Vorsorgetermine wahr und wenden Sie sich im Zweifelsfall an den Arzt Ihres Vertrauens.

Im zweiten Lebensjahr wird die Entfaltung der kindlichen Persönlichkeit immer deutlicher. Im Vordergrund steht die Vollendung des aufrechten Ganges und die Differenzierung der Feinmotorik und der Sprache. In diese Zeit fällt auch die *Sauberkeitsgewöhnung*, die einerseits abhängig ist von dem willentlichen Einfluss des Kindes auf seine Schließmuskeln (der individuell unterschiedlich ist), andererseits von einer gelassenen Erziehungshaltung seiner Bezugsperson.

Ihr Kind wird mobiler und kann dadurch seinen Erfahrungshorizont erheblich erweitern, wenn ihm die entsprechenden Bewegungs- und Wahrnehmungsimpulse ermöglicht werden. Seine Umwelt lernt es durch Sehen, Hören, Tasten, Riechen und Schmecken kennen. Durch Bewegung und Experimentieren mit dem eigenen Körper sowie durch Einwirken auf Gegenstände und Personen macht es dabei wichtige Erfahrungen.

Die verschiedenen Dinge muss es im wahrsten Sinne begreifen: durch Anfassen und Probieren. Alles wird befühlt, geschüttelt, zerrissen und geworfen. Verbote, die dieses »Begreifen« verhindern sollen, behindern eine gesunde Entwicklung.

ACHTUNG Kritische Gegenstände, an denen sich das Kind verletzen, die es verschlucken oder in Nase und Ohren stecken kann, müssen außer Reichweite sein.

Oft machen sich Eltern Sorgen darüber, wenn das Kind relativ spät mit dem Laufen beginnt. Ein gesundes Kind fängt dann an zu laufen, wenn seine Rücken-, Hüft- und Beinmuskulatur kräftig genug ist. Diese trainiert es unaufhörlich beim Krabbeln und betreibt damit den besten Babysport.
Meist ergreift ein gut und sicher sitzendes Kind jede Möglichkeit, um sich mithilfe niedriger Gegenstände aufzurichten. Anfangs wird es sich mit beiden Händen an die Hilfsmittel klammern. Langsam verlagert es dann sein Körpergewicht auf die Füße, um mit freien Händen sein Gleichgewicht zu finden und die ersten Schritte am Gegenstand entlang zu wagen. Unermüdlich übt es, nun oft noch auf Zehenspitzen, und lässt sich auch durch ein Umfallen nicht entmutigen. Der noch fettgepolsterte »Plattfuß« entwickelt erst mit der Zeit seine Muskulatur, und das Laufen auf Zehenspitzen ist ein spielerisches Muskeltraining.

TIPP Kleinkinder sollten so oft wie möglich barfuß laufen. Der gesunde Kinderfuß benötigt einen Schuh nur als Schutzkleidung, der weich, elastisch und ohne feste Einlage sein kann.

Mit der Zeit vergrößert das Kind seinen Aktionsradius und die Selbstständigkeit eines »Zweibeiners«. Die Entdeckerfreude kennt keine Grenzen und erhöhte Aufsicht ist damit unerlässlich. Diese Selbstständigkeit und zunehmende Freiheit kann Angst machen. Viele Kinder benötigen in dieser Entwicklungsphase Zuspruch und Geborgenheit. Sie werden zu wahren »Schmusebären«.

Bis zum dritten Lebensjahr entwickelt sich das *Milchgebiss* mit *zwanzig Milchzähnen*, womit sich eine Ernährungsumstellung von der Flasche auf das Essen mit dem Löffel und später dann mit der Gabel vollzieht.

Das Zusammenspiel von Auge und Hand wird immer genauer. Ihr Kind wird geschickter und will vieles allein machen. Aus nichts und allem kann ein Spiel werden; selbst das Essen wird mit einbezogen. Für Eltern bedeutet dies eine Herausforderung an Geduld, Zeit und liebevollem Verständnis.

Da sich eine *Links- oder Rechtshändigkeit* frühestens im dritten Lebensjahr deutlich macht, kann das Kind oft noch mit beiden Händen gleich geschickt hantieren. Es malt meist mit beiden Händen in großen, weitausholenden Bewegungen.

Aktionsspiele wie »Backe, backe Kuchen« sowie Fingerspiele mit entsprechenden Liedern oder Versen veranlassen ein Kind zum neugierigen Nachahmen. Geschicklichkeitsspiele begeistern vor allem dann, wenn das Kind den Erwachsenen imitieren kann (zum Beispiel im Haushalt helfen).

Die Kinder versuchen mit Konzentration und Ausdauer alle möglichen Gegenstände in Behältnisse zu stecken, um sie dann wieder herauszuholen. Steckspiele und Bastelmaterial, das sich verändert, wie Papier, Pappe, Knete, Farbe usw., laden zu schöpferischen Spielen ein, wobei die Experimentierfreude und nicht das Ergebnis interessiert.

Geräte zum Schieben, wie Puppenwagen, Autos, Kartons oder Kisten, werden unermüdlich durch die Gegend geschoben und dienen einem besseren Orientierungsvermögen sowie dem Körperbewusstsein.

Manch ein Spaziergang wird zum »Stehspaziergang«, da Ihr Kind seiner Entdeckerlust nachgeht und nur wenig Verständnis für den Zeitmangel vieler Eltern hat. Mit einem geschickten Ablenkungsmanöver lässt sich leicht ein Machtkampf vermeiden.

Turn- und Tanzspiele gehören zu den beliebten motorischen Anreizen ebenso wie Tobespiele mit viel Körperkontakt, Kuscheln und Schmusen. Der Bewegungsdrang ist ausgeprägt und jede Gelegenheit zum Laufen, Gehen, Springen, Klettern, Werfen und Fangen wird genutzt. Werden Gruppen- oder Kreisspiele von Einjährigen oft noch abgelehnt, verhalten sich Zweijährige kooperativer und haben ihre Freude daran.

Erfolgt die Kommunikation Ihres Kindes anfangs noch ohne Worte, so setzt es zunehmend mehr Töne, Gesten und Mimik ein und begleitet damit schließlich seine ersten Worte. Das Kind kennt nun seine vertraute Umgebung und beantwortet Fragen der Eltern mit Zustimmung oder Ablehnung. Bewegung und Sprache hängen im Kleinkindalter noch eng zusammen und gern werden »Winke-winke-« und »Bitte-bitte-Spiele« nachgeahmt und vorgeführt.

Voraussetzung für eine gesunde Sprachentwicklung ist die Fähigkeit, sich zu erinnern. Die Speicherkraft des Gedächtnisses entwickelt sich in den ersten Lebensjahren enorm. Dadurch kann das Kind alles, was es hört, sieht, fühlt, riecht und schmeckt wiedererkennen, einordnen und begreifen.

Weil die Sprache und das Denken eng miteinander verbunden sind, kann die Sprachentwicklung durch Singen, Sprechen und den damit verbundenen Spielen gefördert werden.

Am Ende des zweiten Lebensjahres wird das Sprachverständnis immer differenzierter. Nun können viele Kinder ihre Körperteile benennen und zeigen. Auch lernen sie immer besser, Formen und Farben einzuordnen.

Vermeiden Sie Vergleiche zu anderen Kindern, denn dadurch kann es zu ungünstigem Leistungsdruck kommen, der Ihrem Kind die Lust nimmt. Liebe und Geborgenheit helfen dem Kind, seine Umwelt Schritt für Schritt zu erobern, um sich so zu einer selbstbewussten, gesunden Persönlichkeit zu entwickeln.

Tast- und Berührungsspiele zum Kitzeln und Knuddeln

Liebevolle Hautberührungen stärken das Geborgenheitsgefühl und ein gesundes Körperempfinden. Je jünger ein Kind ist, umso stärker erfährt es seine Umwelt über Tasterlebnisse der Haut, des Mundes, der Hände und Füße.

Überall in der Haut befinden sich Hautrezeptoren, das heißt Nervenzellen, die mit dem Zentralnervensystem verbunden sind und Sinneseindrücke dorthin weitergeben.

Empfindungen wie »warm – kalt«, »rau – glatt«, »spitz – stumpf«, »nass – trocken« usw. können auf jedem Teil der Körperhaut erlebt werden. Eine besondere Stellung hat die Hand mit den Fingern, weil es dort besonders viele Nervenzellen gibt.

Zärtliche Hautkontakte sind in jeder Entwicklungsphase wichtig, und ohne »Streicheleinheiten« ist eine gesunde seelische Entwicklung nicht denkbar.

Ein Kleinkind, das stark mit seiner wachsenden Mobilität, etwa dem Krabbeln oder Laufenlernen beschäftigt ist, scheint manchmal an Streichel- oder Schmusespielen nicht so interessiert zu sein und genießt doch das »Troststreicheln« sehr. Mit Spannung verfolgt es Krabbelspiele auf der Haut, wenn an unterschiedlichen Stellen Berührungsnerven in Schwingung versetzt werden.

Werden Körper- und Berührungsspiele als Tobespiele angeboten, können sie munter machen. In sanfter Form gespielt, zum Beispiel beim Zubettgehen, können sie sehr ausgleichend wirken und ein starkes Gefühl der Geborgenheit und inneren Ruhe vermitteln. Kosen und Kitzeln, verbunden mit Versen und Liedern, stimulieren das Sprachverständnis. Die Bereitschaft zum Knuddeln sollte vom Kind ausgehen und nicht vom Erwachsenen zu jeder Zeit erwartet werden.

Kribbel-Krabbelspiele

Streicheln Sie bei dieser Hautmalerei mit zarter Hand oder den Fingern auf Bauch, Rücken, Armen, Beinen mit unterschiedlichem Druck Linien, Punkte, Karos, Wellen, Bögen, Kreise, Spiralen.

Auch mithilfe kleiner Bälle können Sie in kreisenden Bewegungen über einzelne Körperteile rollen. Teilen Sie Ihrem Kind mit, wie sich Haare und einzelne Körperteile anfühlen und wo es besonders kitzelig ist.

Folgende Verse und Lieder geben dem Spiel eine neue Variante:

Meine Augen ...

Überliefert

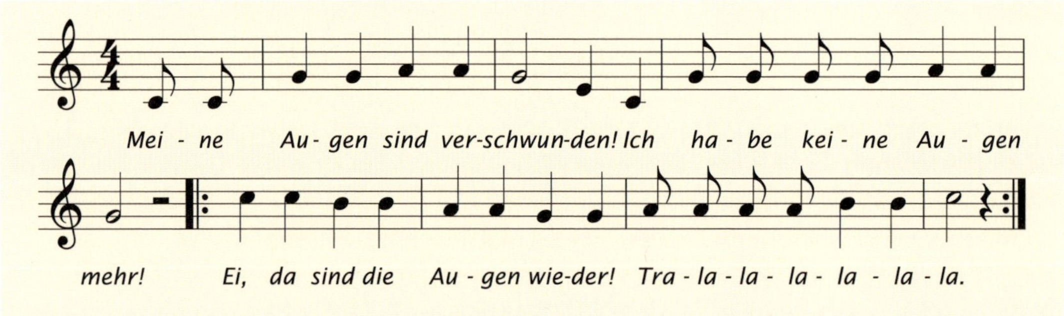

Setzen Sie auch andere Körperteile wie Nase, Mund, Ohren usw. ein. Mit Spannung wird Ihr Kind darauf warten, dass der mit den Händen zugedeckte Körperteil wieder auftaucht.

Dein Kopf ist rund, dein Kopf ist rund
er hat Haare, Augen, Nas' und Mund,
und unter deinen Härchen
verstecken sich zwei Öhrchen.

Wo sind denn die Augen, wo sind denn die Augen, wo sind sie?
Wo sind sie geblieben, wo sind sie geblieben? Da sind sie!

Dieser Vers kann auch nach der Melodie von »Bruder Jakob« gesungen werden.

Nacheinander werden Nase, Mund, Ohren und andere Körperteile gezeigt und eingesetzt.

Die einzelnen Körperteile können auch mit unterschiedlichen Materialien wie weichen Bürsten, verschiedenen Stoffen, Watte oder Federn gestreichelt werden.

Zur fröhlichen Untermalung eignet sich folgendes Lied, wobei nacheinander andere Körperteile eingesetzt werden:

Wir streicheln, wir streicheln
und fangen fröhlich an.
Und wenn die Hand
dann nicht mehr kann,
dann kommen beide Arme dran.
Wir streicheln, wir streicheln und fangen fröhlich an.
(Melodie: »Wir spielen ...«, S. 71.)

Trost- und Schmuseverse

Bei Kummer oder kleineren Wehwehchen, die beim Spielen oder Toben immer wieder einmal vorkommen, genießen Kinder das Trost- und Schmusestreicheln sehr. Unter der zärtlichen Berührung und dem kühlenden Pusten wird der Schmerz schnell vergessen, wenn dazu ein kurzer Reim geheimnisvoll geflüstert oder erzählt wird.

Viele Kinder bevorzugen einen ganz bestimmten Vers, der seine Wunder vollbringt. Vielleicht entwickeln Sie Ihren Lieblingsvers mit dem Kind gemeinsam?

Komm her, mein kleines Schäfchen,
zeig mir dein Wehwehchen,
(Streicheln)
lass uns machen kühlen Wind,
(Pusten)
dann verschwindet's ganz geschwind.

Heile, heile Gänschen,
s'wird schon wieder gut.
Die Katze hat ein Schwänzchen,
s'wird schon wieder gut.
Heile, heile Mausespeck,
in hundert Jahren ist alles weg.

Liebes Schätzchen, liebes Schätzchen,
komm zu mir, komm zu mir –
will dich streicheln, herzen,
schnell vergiss die Schmerzen.
Komm zu mir, komm zu mir.
(Melodie: »Bruder Jakob«.)

Kleine, süße Schmusekatze
mit dem weichen, warmen Fell,
komm ein bisschen näher ran,
dass ich mit dir schmusen kann.
Miau, mio, miau, mio,
das Schmusen macht mich froh.

Puste, puste, puste Wind,
(Pusten)
fort die Tränen ganz geschwind,
will dir was ins Öhrchen sagen
(geheimnisvoll flüstern)
und dich sacht im Kreise tragen.
Puste, puste, puste Wind.
(Pusten)
Hei, da lacht mein liebes Kind.

Heile, heile Spätzchen,
wo tut's weh, mein Schätzchen?
Komm wir machen einen Tanz,
morgen ist ja alles wieder ganz.

Tastpuppenfamilie

Die einzelnen Puppen reizen nicht nur zum nachahmenden Spiel, sondern machen unterschiedliche Geräusch- und Tasterlebnisse möglich.

Bastelanleitung

Dazu brauchen Sie: Verschiedene Stoffreste, Nadel, Faden, Wolle, Holzperlen (Durchmesser ca. 3 cm), Erbsen, Styroporschnipsel, Sand, Watte, Reis, Glöckchen.

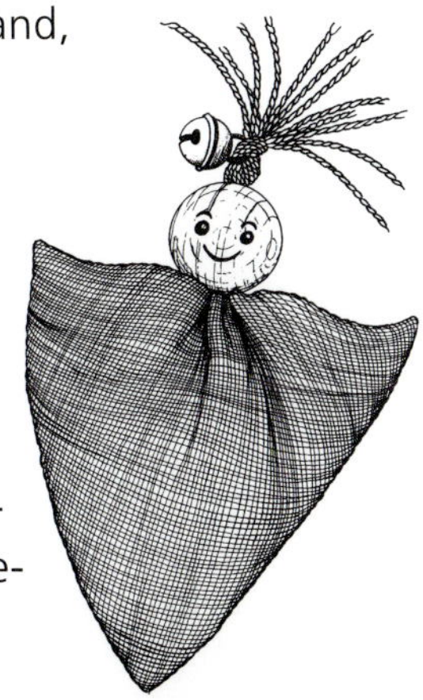

Und so wird's gemacht: Schneiden Sie zwei Dreiecke zu mit den Seitenlängen 13 cm, 15 cm, 15 cm für die kleineren Puppen sowie 15 cm, 18 cm, 18 cm für die größeren Puppen. Dann nähen Sie die Seiten bis auf eine kleine Öffnung zu und füllen unterschiedliches Material in die einzelnen Säckchen. Eine große Holzperle wird mit Wolle an der schmaleren Seite in der Mitte befestigt. Ein Glöckchen verhindert das Rausrutschen der Perle, die mit oder ohne Gesicht (Lackstift) den Kopf darstellt.

Kitzelspiele

Mit Feder, Pinsel, Fell, Watte oder Wolle können Sie sich gegenseitig berühren und streicheln oder kitzeln.

Erfinden Sie dazu *Verse* oder *Phantasieaktionen*, wie pustender Wind, brummendes Auto, summende Biene, hüpfende Flöhe, quakende Frösche oder schleichende Katze usw., und ermuntern Sie Ihr Kind zu eigenen Darstellungen.

Komm, du lieber, süßer Wicht,
hab keine Angst, erschrecke nicht.
Schließe deine Augen zu
und fühle, was ich mit dir tu.
Ist das Kitzeln nicht zum Lachen?
Pass auf, gleich folgen and're Sachen.

Hui, da krabbelt's im Gesicht,
ach, wie gerne streichle ich dich.
Und nun kribbelt's an der Nas',
an Mund und Augen macht's auch Spaß.
Jetzt kommen noch die Ohren dran,
mal sehen, wie es weitergehen kann?

Kribbel, krabbel, schleicht die Schnecke
ganz langsam um die Ecke.
Sie ruht sich, ei der Daus,
unter deinem Hälschen aus.
Sie gibt zum guten Schluss
dir einen dicken Kuss.
Dann kriecht sie in ihr Schneckenhaus
und schläft sich bis zum Morgen
(Mittag, Abend) *aus.*
Wollen wir sie suchen?

Wind- oder Pustespiele

Pusten mit und ohne Strohhalm macht Spaß, wenn dadurch Federn, Watte oder leichtes Papier über den Tisch fliegen. Welch ein Gefühl ist es, wenn Sie sich gegenseitig auf die nackte Haut oder ins Gesicht blasen.

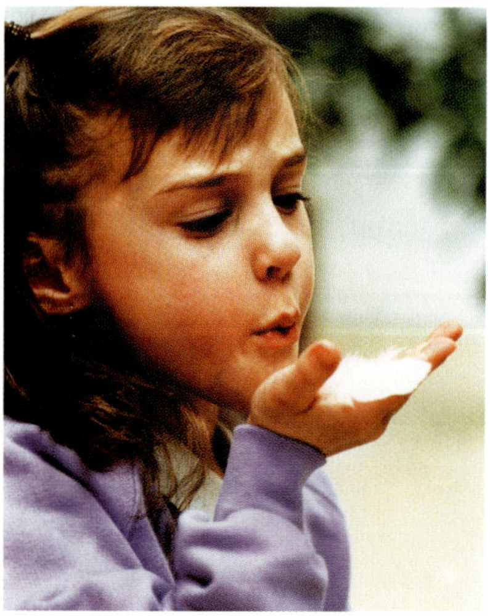

Auch Tücher machen Wind, wenn sie auf und ab geschwungen werden. Leichte Tücher können durch kräftiges Blasen in die Luft geweht werden. Besonderen Spaß macht es, wenn man sich durchsichtige Tücher über das Gesicht legt und damit durch den Raum rennt. Kuschelig wird's, wenn Ihr Kind im Sommer oder vor dem Baden nackt oder wenig bekleidet unter ein großes Tuch kriecht und Sie dabei geheimnisvoll flüstern. Wird das Tuch wieder gelüpft, löst sich die Spannung mit frohem Lachen auf.

Tastspiele für nackte Füße

Fordern Sie Ihr Kind auf, mit nackten Füßen über unterschiedliches Material zu laufen oder zu krabbeln. Dabei können Sie entweder ein Auto, ein Motorrad oder ein Flugzeug auf entsprechenden Taststraßen imitieren.

Taststraße

Eine 20 bis 30 cm breite Latte oder ein Brett werden mit verschiedenen Teppichresten, Kunstrasen, Fell, Sandpapier, Schaumstoff, Wellpappe, Leder usw. beklebt.

Staunen wird Ihr Kind, wenn es mit den Händen oder seinen nackten Füßen unterschiedliche Temperaturen fühlen kann. Füllen Sie dazu einmal Eiswürfel in Plastiktüten und dann warmes und kaltes Wasser in eine Wärmflasche. Ein Schwamm kann trocken oder nass, ein feuchter Waschlappen warm oder kalt sein. Im Sommer können Sie auch zwei Schüsseln mit warmem und kaltem Wasser auf den Balkon oder in den Garten stellen.

Vielleicht erfinden Sie dazu gemeinsam kleine Geschichten. *Zum Beispiel:* Wir machen jetzt einen Spaziergang mit den Händen oder Füßen. Hui, wie ist das kalt (mit Händen oder Füßen über den Eiswürfelberg laufen). Jetzt kommen wir an einen See (Schüssel mit warmem oder kaltem Wasser). Danach geht's über einen Wanderweg in Form eines trockenen Handtuches oder über einen feuchten Waschlappen (kalt und warm), und plötzlich muss da noch eine Barriere in Form eines nassen oder trockenen Schwammes mit den Fingern oder Zehen weggeräumt werden ... usw.

Auch ein Wanderlied darf dazu gesungen werden:

Das Wandern ist der Kinder Lust,
das Wandern ist der Kinder Lust,
das Wandern!
Wir laufen über Stock und Stein
und fühl'n mit Fuß und Händen fein
und wollen dabei fröhlich sein,
beim Wandern, beim Wandern,
beim Wandern.

Der schiefe Turm

Dieses Spiel lässt sich überall durchführen. Zuerst legen Sie die flachen Hände, später dann die Fäuste, abwechselnd übereinander. Oben angekommen wundern Sie sich über den schiefen Turm. Dann kommt ein Sturm und alle müssen kräftig blasen. Der Turm kracht zusammen, indem unter lautem Jubel die Hände weggezogen werden und durcheinander auf den Tisch fallen. Lustig ist es auch, dieses Spiel mit den Füßen zu spielen. Dazu passt folgender Vers:

Hallo, ihr Hände (Füße),
wer seid ihr denn?
Ich heiße (Name des Kindes),
und ich heiße (Name eines anderen Kindes).

Jonas und Julia bauen jetzt ein Haus.
Ach herrje, wie schaut das nur aus?
Schon beim ersten Sturm, wie dumm,
(kräftig pusten)
wackelt es und fällt dann um …

Autos aus Nagelbürsten

Billige Nagelbürsten, möglichst an beiden Seiten mit Borsten versehen, bilden Bauelemente, die ganz leicht übereinander gestapelt werden können, ohne dass sie immer gleich wieder umkippen. Sie können aber auch mit etwas Phantasie zu rutschenden Autos umfunktioniert werden, wenn kleine Papprollensegmente als Passagiere in die Borsten gedrückt werden. Die borstigen Autos können auch durch Papptunnel (leere Papprollen) geschoben werden, wozu Geschicklichkeit der Hände gefordert ist.

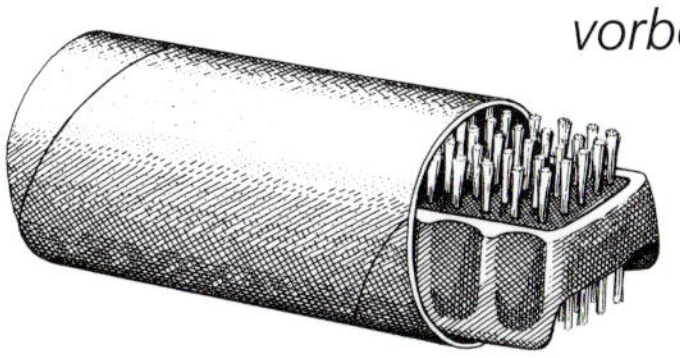

Wo ist denn das Auto,
wo ist es versteckt?
Hurra, da ist's ja wieder,
vorbei ist nun der Schreck!

Schneeball-schlacht

Ein herrliches Tobespiel, das nicht nur im Winter Spaß macht, ist die Watte- oder Papierballschlacht. Mit viel Watte, Papier (Pergamentpapier, Zeitungspapier usw.) oder anderem Verpackungsmaterial wie beispielsweise Styroporschnipseln wird's besonders toll. Zuerst rieseln die Schneeflocken durch den Raum, wobei Sie sich, damit die Flocken luftig fallen, auf einen Stuhl stellen können. Größeres Papier wird vorher in kleine Schnipsel gerissen. Anschließend kann bei einer Schneeballschlacht die Erfahrung gesammelt werden, wie unterschiedlich sich Watte oder Papier zu Bällen formen lassen. Zum Schluss darf in den Watte-Papierberg gesprungen werden.

Ratespiel für Schlauberger

Unterschiedliche, dem Kind bekannte Dinge wie ein kleines Auto, Schmusetier, Apfel, Schnuller usw. werden zuerst einzeln, dann mehrere zugleich unter ein Tuch in einen Karton gelegt. Dem Alter entsprechend wird der Schwierigkeitsgrad erhöht und auch Kaltes, Warmes, Raues, Weiches usw. zum Tasten und Raten dazu genommen. Dadurch wird die taktile Wahrnehmung spielerisch angeregt. Im Wechsel darf mal das Kind, mal der Erwachsene raten.

Erst wenn Ihr Kind das Spiel verstanden hat, dürfen mehrere (nicht mehr als zwei oder drei) Sachen unter das Tuch gelegt werden.

Der Reiz des Spieles liegt im guten Beobachten, genauem Tastvermögen und der Fähigkeit zu beschreiben, was da gefühlt wird.

Schaukel- und Tobespiele

Schaukeln, das schon Babys als ein besonderes sinnliches Vergnügen empfinden, ist auch im zweiten Lebensjahr noch spannend und interessant. Mit wachsendem Alter kann das Schaukeln oft nicht temperamentvoll genug sein. Beim älteren Kind kann das Schaukeln zur Entspannung führen, wenn es in ruhiger Atmosphäre, zum Beispiel in einer Hängematte, sanft wiegend träumen darf. Meist aber wird das Schaukeln als willkommenes Tobespiel verstanden, zu dem ein wenig Mut, ein gutes Gleichgewichtsempfinden sowie eine stabile Körperbeherrschung gehören. Es macht einfach Spaß, mit dem Körper Balance zu halten, Bewegungen zu koordinieren, den Körper zu spüren und beherrschen zu lernen. Hellwach und voller Spannung erleben Kinder die unterschiedlichen Schaukelspiele, wobei sie dazu gesprochene oder gesungene Verse und Lieder gut aufnehmen können. Besonderen Reiz haben Schaukelspiele dann, wenn mehrere Personen anwesend sind.

TIPP Sicherer ist das Schaukeln über Matten, Decken, Kissen, Teppichboden oder Rasen.

Schaukelspiel in der Decke

Dieses Vergnügen lässt sich leicht als Familien- oder Gruppenspiel mit wenig Aufwand durchführen. Zwei Erwachsene halten ein Laken oder eine Decke an den äußeren Ecken gut fest, indem sie die Längsseiten etwas spannen. Nun können je nach Gewicht ein, zwei oder drei Kinder in der Mulde Platz nehmen und auf geht's mit »Gesang« ...

Hoch will ich schaukeln, hoch will ich schaukeln, 3-mal hoch.
Sprechen: *1-2-3- hoch!*

Weit will ich fliegen, weit will ich fliegen,
ach, soooo weit!
Sprechen: *1-2-3-ssssit!*

Anhalten muss ich,
anhalten muss ich,
ach, wie schad!
Sprechen: *1-2-3-der Nächste*
(Name des Kindes) *kommt*
herbei.
(Schaukellied nach der Melodie:
»Hoch soll er leben«.)

Auch nach dem Lied »Ich flieg in meinem Flugzeug« (S. 51) lässt es sich herrlich schaukeln.

Wir schaukeln

Volksweise
Nach der Melodie: »Es regnet«

Schaukeln auf den Händen von zwei Erwachsenen

Dazu werden keinerlei Hilfsmittel benötigt und das Spiel kann fast überall durchgeführt werden.

Die Erwachsenen fassen sich an beiden Händen. Je nach Alter setzt sich das Kind auf die Handfläche der Erwachsenen, wodurch die freien Arme dem Kind eine Rückenlehne bieten. Das ältere Kind setzt sich auf beide Handflächen ohne Rückenlehne, wobei es sich gut an den Armen der Erwachsenen festhalten muss. Das Kind genießt vor allem den engen Bezug zu den Erwachsenen und schaukelt, je nach Temperament, zwischen diesen hin und her und auf und ab.

Hin und her, Seefahrn ist nicht schwer.
Ich fühl mich wie ein Steuermann
auf großer Fahrt im Segelkahn.
Auf und ab geschwind,
so treiben wir im Wind.
(Melodie: »Hopp, hopp, hopp,
Pferdchen lauf Galopp«.)

Wäschekorb, Babybadewanne oder ein Karton können zum schaukelnden Boot werden und lassen sich mit phantasievollen Geschichten oder lustigen Seemannsliedern verbinden.

Ich schaukel auf dem Wasser

Melodie: »In einem kleinen Apfel«
Text: Autorinnen

Ich strecke meine Arme
wohl zu den Fischen hin,
ich winke mit den Händen,
weil ich so fröhlich bin.

Mein Boot erreicht den Hafen,
ich hol die Segel ein,
der Wind fängt an zu blasen,
und ich lauf blitzschnell heim.

Kahnfahrt

Eine Luftmatratze, Wickelauflage oder dünne Schaumstoffmatte kann mithilfe von großen Reifen (Hula-Hoop, Wasserschlauch, Fahrradreifen) zu einem Kahn umfunktioniert werden. Mindestens zwei Reifen werden über die Matte gezogen, wodurch eine Mulde entsteht. Nun kann sich der kleine Kapitän im Stehen an den Reifen festhalten und durch die Verlagerung seines Gewichtes das Boot in Schwung bringen.

Kleinere Kinder können im Sitzen oder im Liegen durch den Erwachsenen ins Schwanken gebracht werden. Dieses Spiel eignet sich besonders gut für Gruppen oder Kinderfeste.

Kettenkarussell Lassen Sie Ihr Kind wie im Karussell durch den Raum schweben. Der Erwachsene umfasst mit einer Hand den Oberschenkel und mit der anderen den Oberarm des Kindes. (Bei größeren Kindern können auch Unterschenkel und Unterarm genommen werden.) Nun dreht sich der Erwachsene erst langsam, dann immer schneller, so dass das Kind, der Schwerkraft entsprechend, mit Körper und freien Armen nach außen fliegt. Vorsicht, hierbei kann auch dem Erwachsenen leicht schwindelig werden.

Außer einer guten Körperbeherrschung bekommen auch ängstliche Kinder bei diesem Spiel mehr Selbstvertrauen.

Karussellfahrt

Überliefert

Ball- und Luftballonspiele

Bälle regen auf vielfältige Weise immer wieder zu neuen Spielideen an. Ob Leder, Stoff, Gummi oder Plastikball spielt zunächst noch keine so große Rolle, wenn das krabbelnde Baby dem rollenden Ball hinterhersaust und dadurch ein gutes Raumgefühl bekommt. Mit wachsendem Alter werden Kinder auf verschiedene Art ihre eigenen Ballspiele entwickeln und ausprobieren. Einen Ball richtig zu werfen und zu fangen, lernt ein Kind meist erst mit zwei Jahren; die meisten Kinder benötigen dazu Ermunterung und ausreichende Spielmöglichkeiten.

TIPP

Damit es auch in engen Stadtwohnungen keine Konflikte mit Nachbarn gibt, sollten Soft-, Tischtennis-, Stoff-, Woll-, Tennis- oder Gummibälle sowie Wasserbälle oder Luftballons bevorzugt werden. Lederbälle und große Gummibälle sind eher für draußen bestimmt.

Für »Krabbler« eignen sich Wasserbälle oder Luftballons, die durch den Raum gestupst oder gekickt werden. Manchmal haben kleinere Kinder Schwierigkeiten, Bälle wieder abzugeben. Sie behalten den Ball, und es dauert eine Weile, bis sie das Spiel verstehen. Geduld und Wiederholungen sowie das folgende Spiel sind dabei hilfreich.

Ball rollen

Vater und Mutter oder zwei Erwachsene setzen sich gegenüber und nehmen das Kind auf den Schoß. Nun wird der Ball hin- und hergerollt, bis auch das Kind seinen Spaß daran hat und voller Spannung den Ball erwartet.

Schnurball

Ein Wasserball oder ein großer Luftballon wird mit einem langen Gummiband an einer Wäscheleine aufgehängt. Nun darf das Kind dagegen schlagen, boxen oder treten. Das Treffen und Hergeben ist jetzt leichter, da der Ball immer wieder zurückkommt. Ein Lied dazu gesungen macht den Spaß komplett: Nebenbei lösen sich Wut und andere Gefühle bei diesem Spiel oft in Luft auf.

Lasst die Fäuste boxen ...
Lasst die Hände schlagen ...
Lasst die Füße treten ...
1–2–weg ist der Ball!

Fußball

Beim Fußballspiel werden Kinder, die noch nicht laufen können, unter den Achseln gehalten und kickend geht's durch den Raum. Noch mehr Spaß macht's mit einem Partner, der den Ball pariert.

Mit größeren Kindern kann man sich gegenseitig den Ball mit Händen oder Füßen zurollen, wobei jeweils der Name des nächsten Spielers, der den Ball bekommen soll, genannt wird.

Stabball

Mit einem Holzstab, einer langen leeren Papprolle oder einem aus Zeitungspapier gerollten Schläger kann man versuchen, Bälle durch den Raum oder durch einen Papptunnel (Karton ohne Boden) zu schieben. In einer Gruppe ist es auch lustig, wenn mehrere Personen hintereinander, mit gegrätschten Beinen aufgestellt, eine Zielbahn für den Ball darstellen. Einen Ball um ein oder mehrere Hindernisse wie Karton, Tisch oder Stuhl zu bugsieren, sieht oft leichter aus, als es ist. Das Kind kann dabei sein Orientierungsgefühl gut schulen.

Ballbahn

Ein Kriechtunnel (gekauft) kann leicht zu einer »Ballbahn« verwandelt werden, doch es ist schon etwas Übung nötig, um mit dem Ball in die Öffnung zu zielen.

Noch einfacher wird das Zielen, wenn ein Reifen oder Schlauchring (Bastelanleitung auf S. 52) dem Kind in entsprechender Entfernung so gehalten wird, dass es seinen Ball leicht hindurchwerfen kann.

Größere Kinder können versuchen, einen Ball oder Luftballon auf dem Kopf zu halten und damit durch den Raum zu laufen oder über ein Seil oder eine Bank zu balancieren. Wenn sie sich hintereinander aufstellen, können sie versuchen, den Ball über dem Kopf zum Nächsten weiterzugeben.

Eine schiefe Ebene kann durch ein Brett oder Bügelbrett, das an einen Stuhl gelehnt wird, entstehen. Um Unfälle zu vermeiden, muss das Brett am Stuhl befestigt oder festgehalten werden. Herrlich, wie die Bälle nun rollen können.

Ping-Pong-Ballbahn Durch längere Papprollen, die mit Klebeband schräg an Wand, Stuhl, Baum oder Stange befestigt werden, lassen sich wunderbar Pingpong-Bälle durchstecken, die am anderen Ende mit einer Blechdose aufgefangen werden (klappert schön) oder aber auf den Boden prasseln. Dabei muss ein Kind sich gut konzentrieren, um mit dem Ball in die kleine Öffnung zu zielen. Die Papprollen können bemalt oder beklebt werden.

Zielen und Werfen Wanne, Papierkorb, Karton oder Eimer bieten gute Zielmöglichkeiten, um die Treffsicherheit ganz spielerisch zu verbessern. Auch das Werfen eines Balles durch einen aufgehängten Reifen (Fahrradreifen, Hula-Hoop oder selbstgebastelte Perlenreifen aus durchsichtigem Wasserschlauch) erfordert Konzentration und Geschicklichkeit (siehe S. 52). Dabei kann der Abstand zum Reifen je nach Können vergrößert werden.

Kegeln

Erste Kegelversuche können mit Plastikflaschen, die mit wenig Wasser gefüllt sind, gemacht werden. Mit einem nicht zu kleinen Ball darf um die Wette gekegelt werden. Feste Gummibälle oder schwerere Lederbälle eignen sich dazu besonders gut. Die Flaschen können auch mit etwas Sand, einigen Steinen oder Murmeln gefüllt werden.

TIPP Die Flaschen dürfen nur nicht zu schwer sein. Wichtig ist noch nicht die Treffsicherheit, sondern die Freude, wenn ein oder zwei Kegel (Flaschen) umfallen.

Balltanz

Hier ein Spielspaß, der Spannung mit Bewegung verbindet und Große wie Kleine gleichermaßen in den Bann zieht:

Spielanleitung

Dazu werden eine leichte Gardine, eine Tischdecke oder ein größeres Tuch und möglichst viele Tischtennisbälle benötigt. Die Bälle werden in das Tuch geschüttet. Erwachsene und Kinder halten das Tuch gemeinsam fest und rütteln zunächst daran. Beim Kommando »1-2-3 hoch« wird das Tuch nach oben geschwungen und weggezogen. Die Bälle fliegen in die Luft und regnen mit lautem Geprassel auf den harten Boden herab (auf Teppich oder Rasen gibt es kaum Geräusche). Fleißige Sammler flitzen und sammeln die Bälle in den Korb, der wieder in das Tuch entleert wird. Ein herrlich berauschendes Gefühl kann das Wühlen und Rühren in den raschelnden Bällen hervorrufen, bevor sich der Ballregen wieder und wieder über die Spieler ergießt.

TIPP Ein Höhepunkt für jedes Kinderfest. Auch viele Luftballons eignen sich hervorragend.

Dazu passt das Lied nach der Melodie »Komm, wir wollen tanzen ...«:

Lasst die Bälle tanzen, tanzen, tanzen,
lasst die Bälle tanzen.
Eins, zwei, drei und hoch ... (sprechen)

2 – Lasst die Bälle fliegen ...
3 – Lasst die Bälle hopsen ...

Komm, wir wollen tanzen ...

Überliefert

Die pfiffige Murmelbahn

Murmeln, Klicker, Bucker, Schusser – die glitzernden bunten Glaskugeln bereiten Kindern immer wieder einen Heidenspaß. Kugelbahnen sind deshalb bei den Kleinen und Größeren sehr beliebt. Eine besonders stabile und lustige Form, die nur wenig kostet, können Sie leicht selber basteln.

Dazu brauchen Sie: Murmeln (für größere Kinder eignen sich auch Perlen oder Erbsen), einen Hocker oder Kindertisch, 3 ½ m durchsichtigen Wasserschlauch, Durchmesser 25 mm (erhältlich im Baumarkt oder Gartencenter), Klebeband (evtl. farbig) zum Fixieren des Schlauches, flache Blechdosen als Auffanggefäß für die Murmeln.

So wird's gemacht: Der Schlauch wird um den umgedrehten Kindertisch oder Hocker (Beine zeigen nach oben) in mehreren Serpentinen mit Klebeband befestigt. Als Auffangschale für die Murmeln dient eine Blechdose oder ein anderer Behälter, der scheppern sollte, wenn die Murmeln hineinpurzeln. Achten Sie darauf, dass das leichte Gefälle nicht

verrutscht, wenn Sie den Schlauch befestigen. Schon das Zuschauen fasziniert, wenn die Glitzerdinger auf dem Weg nach unten mit den Augen verfolgt werden.

Dieses Spiel steckt voller Bewegungsanreize wie bücken, strecken, drehen, aufstehen … Eine Herausforderung an Fingerfertigkeit und Konzentrationsvermögen ist das Hineinstecken der Murmeln in die kleine Schlauchöffnung. Findet das Spiel in der Gruppe statt, muss auch Geduld geübt werden; es dauert, bis man »dran« ist.

ACHTUNG Schon die Kleinsten verfolgen unermüdlich den Lauf der Murmeln, lassen sie allerdings auch zu gern im Mund verschwinden. Behalten Sie daher alle Kinder im Auge.

Sandmurmelbahn Diese Murmelbahn kann in jedem Sandkasten oder vor allem am Strand gebaut werden. Aus gut durchfeuchtetem Sand wird ein Kegel geformt, der mit Händen oder Schaufel festgeklopft wird. Dann werden Serpentinen um den Kegel gezogen (siehe Bild rechts). Mit Glasmurmeln, Holzkugeln oder kleinen Bällen kann das Spiel beginnen. Eine Blechdose am Ende der Serpentinen in den Sand gedrückt, bringt die sausenden Kugeln zum Stoppen und Klappern.

TIPP

Am Strand kann die Murmelbahn mit gesammelten Werken wie Muscheln, Federn, Steinen verziert und mit Tunnel oder Brücke aufgelockert werden.

Dazu kann nach der Melodie von »Zehn kleine Zappelmänner« folgender Vers gesungen oder gesprochen werden:

Zehn kleine Krabbelfinger gehen heut zum Strand,
zehn kleine Krabbelfinger buddeln dort im Sand.
Zehn kleine Krabbelfinger backen leck're Kuchen,
zehn kleine Krabbelfinger woll'n ihn gleich versuchen.
Zehn kleine Krabbelfinger bau'n 'ne Murmelbahn,
zehn kleine Krabbelfinger lassen Autos fahren.
Zehn kleine Krabbelfinger gehen jetzt nach Haus,
zehn kleine Krabbelfinger ruhen sich vom Spielen aus.

Einfache Turnspiele

Krabbeln, Kriechen, Laufen, Hüpfen, Rutschen, Klettern, Schaukeln und Springen sind gute Voraussetzungen, sich auf vielfältige Weise zu bewegen, und halten Körper und Seele in Schwung.

Einfache Turn- und Bewegungsspiele werden schon von den Kleinsten geliebt. Sie verbinden Körpererfahrung mit Nähe und stärken Selbstvertrauen und Körperbeherrschung.

Kleine Wohnungen und ungünstige Witterungsverhältnisse hemmen Kinder oft in ihrem natürlichen Bewegungsdrang. Umso mehr freut sich Ihr Kind über Spiele, die auch bei wenig Platz möglich sind. Tische, Stühle, Matratzen, Kissen, Wäscheleinen, Bänder, Wolle, Kisten, Kartons oder Besenstiele sind hervorragende Requisiten zum Turnen.

TIPP Leicht bekleidet, in nicht zu warmer Raumtemperatur (20 Grad C), kann sich der kleine »Turner« besonders gut bewegen. Nackte Füße und Zehen können besser tasten und greifen, und ein Fuß, der in Bewegung ist, kühlt nicht so schnell aus.

ACHTUNG Zu dick angezogene, schwitzende Kinder erkälten sich leicht und bewegen sich ungern.

Krabbelmäuschenspiel Kinder, die schon laufen können, werden hierbei ganz spielerisch zum Krabbeln und Kriechen ermuntert. Dabei werden Wirbelsäule und Beine entlastet. Auch Kinder, die nie gekrabbelt sind, lernen bei diesem Spiel, Entfernungen richtig einzuschätzen.

Spielanleitung Mehrere Stühle, Hocker und Kartons werden hintereinander aufgestellt und auf geht's zur »Mäusejagd«. Die Katze miaut und krabbelt hinter dem piepsenden Mäuschen her. Weiter geht's unter die aufgestellten Stühle, wobei das Mäuschen mit einem Spielzeug, wie mit einem Käse, in die »Falle« gelockt wird.

Aus großen Kartons wird der Boden entfernt. Das Mäuschen hat nun ein Nest, in das es krabbeln kann. (Große Kartons gibt es im Möbelfachgeschäft oder im Elektrohandel.) Zwei Fenster bringen Licht in das Innere des Kartons. Jetzt kann das Kind sogar ein- und aussteigen.

ACHTUNG Im »Turnzimmer« darf keine Verletzungsgefahr bestehen. Erhöhte Aufsicht ist daher nötig.

Krabbeltunnel

Aus mehreren, hintereinander aufgestellten Kartons, deren Böden entfernt wurden, kann ein langer Tunnel entstehen, und es gehört schon ein wenig Mut dazu hindurchzukrabbeln. Vielleicht hilft das beliebte Kuckuckspiel, den Weg durch den Tunnel zu bewältigen. (Einen fertigen Tunnel gibt es im Fachhandel.)

Schnell wird auch aus einer Stuhlreihe eine »Mausehöhle«, wenn über die Stühle Decken gelegt werden.

Polsterhöhle

Aus losen Polstern, Kissen und Matratzen aller Art können ebenfalls Höhlen und Häuschen gebaut werden. Welch ein Jubel, wenn das Dach der Höhle beim Durchkrabbeln einstürzt.

Wenn Sie die Hindernisse von Mal zu Mal verändern, entstehen Kurven und unterschiedliche Höhen.

Lebendiger Tunnel

Sind mehrere Erwachsene beim Krabbelspiel anwesend, können sie, hintereinander mit gegrätschten Beinen aufgestellt, ebenfalls einen »lebenden Tunnel« bilden. Das »Mäuschen« krabbelt durch die gegrätschten Beine oder ein Ball oder Luftballon wird von einer Seite zur anderen gerollt. Alternativ können mehrere Hula-Hoop-Reifen, hintereinander gehalten, durchkrabbelt werden.

Gemütlich wird eine Verschnaufpause, wenn sie mit einer Geschichte oder entsprechenden Versen untermalt wird.

In unseren Häuschen
sind schrecklich viele Mäuschen,
sie trippeln und trappeln,
sie zippeln und zappeln,
sie stehlen und naschen,
und will man sie haschen –
husch, sind sie weg!

Am Anfang mit den Fingern auf Tisch, Brett, Karton oder anderer fester Unterlagen die Mäuschen imitieren. Bei »husch, sind sie weg!« in die Hände klatschen. Oder Sie fragen singend:

Wie spricht die Katze (Maus, Hund, Vogel usw.)?
Wie spricht die Katze?
Wer sagt's mir?
Wer sagt's mir?
Miau, miau, miau,
miau, miau, miau.
So spricht die Katz',
so spricht die Katz'.
(Nach der Melodie von »Bruder Jakob«.)

In einem kleinen Häuschen,
da krabbeln viele Mäuschen,
da kommt die freche Katz'
und fängt mit einem Satz
die kleinen Kribbel-, Krabbelmäuschen.
(Finger über Arm und Körper krabbeln lassen.)

Da flitzt eine Maus
aus ihrem Haus,
da schleicht eine Katz',
macht einen großen Satz.
Doch das schnelle Mäuschen
rennt schwuppdiwupp ins Häuschen.
(Entsprechend dem Vers flitzen, schleichen und rennen.)

Häschen-Hüpf-Spiel

Matratzen aller Art laden zum Hüpfen, Balancieren, Laufen, Springen und Federn ein und bieten ideale Bauelemente für Häuser, Türme oder Höhlen. Beim Laufen über unterschiedliche Matratzen (Federkern-, Schaumstoff oder nur wenig aufgeblasene Luftmatratze) muss das Kind sein Gleichgewicht besonders gut ausbalancieren, was auf einer wabbeligen Luftmatratze sehr schwierig ist.

Beim Hopsen halten Sie das Kind zunächst an den Händen fest, bis es allein springen will. Versuchen Sie es auch zur Abwechslung mit einem Stab, Kochlöffel aus Holz, Besenstiel, Spazierstock, den Sie waagerecht halten. Fordern Sie das Kind auf, diesen fest zu umgreifen, damit es besser federn kann, wenn es sich mit den Füßen abstößt.

Ziehen Sie das Kind aus der Ruhestellung langsam hoch. Dabei muss es den Stab gut festhalten. An einer »Reckstange« (Besenstiel), die von zwei Personen gehalten wird, geht das Schaukeln besonders leicht. Ein aufgestellter Kinderstuhl, Hocker oder eine Bank werden zum Absprungbrett, wenn man in weichen Kissen, Matratzen oder mit Styropor gefüllten Kissenbezügen landen kann.

Alle Indianer stampfen

Ortfried Pörsel, Heinz Lemmermann

Die Indianer können auch springen, laufen, hüpfen, reiten, winken, klatschen, tanzen, kriechen usw. und lassen sich am Schluss auf den Boden fallen.

ACHTUNG Beim Klettern auf Stühle, Tische, Sofas, Treppen und Leitern ist immer Vorsicht geboten, doch je mehr ein Kind üben kann, umso sicherer wird es.

Kraxelbär oder Klettermax

Zeigen Sie dem kleinen »Kletterkünstler«, wie er sicher auf dem Boden landet. Rückwärts geht es am leichtesten. Ein schräggestelltes Brett (Bügelbrett, Schrankbrett) oder das Seitenteil eines Kinderbettchens (Flohmarkt) als Minisprossenwand dient dem Kind zum Rauf- und Runterkraxeln. Der Schwierigkeitsgrad kann der Geschicklichkeit und der Freude am Spiel entsprechend gesteigert werden (zum Beispiel von Matratzen- bis Stuhlhöhe). Eine Treppe mit unterschiedlich hohen Stufen können Sie aus Kissen, Matratzen, Kisten und Kartons bauen.

Der Apfelbaum

Überliefert

Dann klett're ich immer weiter und halt mich an den Zweigen fest
und mach es mir gemütlich, da oben im Geäst.
Und wippe und wippe, diwipp, diwapp, diwipp, diwapp
und fall auch nicht herab.
(Sprechen: Krix, krax, plumps!)

Leiterspiel Auf einer kleinen Haushaltsleiter mit drei oder vier Stufen zu stehen bedeutet für das Kind, so groß wie Mama oder Papa sein zu können. Durch das Klettern lernt es sein Körpergewicht aufwärts zu verlagern.

TIPP Das Treppen- oder Leiterspiel ist eine gute Vorübung für die vielen Kletterpartien auf dem Spielplatz.

Zur Begleitung eignet sich das Lied vom Apfelbaum (S. 45).

Seiltänzer-Spiele Dazu brauchen Sie einen Besenstiel (es geht auch ein vollständiger Besen), ein Seil, eine Wäscheleine, Wolle oder ein Band, auch Klopapier eignet sich gut, ein schmales oder ein breites Brett. Nehmen Sie zunächst eine Wäscheleine oder einen langen Wollfaden und legen ihn quer durch den Raum. Wer schafft es nun, mit kleinen Trippelschritten darüber zu laufen? Zur Abwechslung können danach Kreise, Dreiecke, Quadrate oder Serpentinen gelegt werden. Hüpfen Sie gemeinsam mit dem Kind in den Kreis und wieder heraus.

Auf einem Brett, einer Latte oder einem Besenstiel kann der kleine Akrobat balancieren. Halten Sie ihn anfangs gut fest. Besonders lustig ist dieses Spiel mit mehreren Kindern, wenn Sie daraus eine kleine Zirkusnummer machen und entsprechender Beifall ertönt. Eine Steigerung des Schwierigkeitsgrades lässt sich dadurch erreichen, dass zwei

Bänke oder Stühle, mit einem darüber gelegten Brett, hintereinander aufgestellt werden. Diese Brücke bietet Gelegenheit zum Drüberlaufen und zum Durchkriechen.

Wenn Sie die Latte oder das Brett mit unterschiedlichem Material bekleben oder belegen, zum Beispiel Grasteppich, hartem und weichem Teppichboden, Schleifpapier, Wellpappe usw., bekommen die kleinen Füße so ganz nebenbei etwas zu tasten.

Schräge Ebene

Aus einem Brett (Schrankbrett), ca. 150 bis 200 cm lang und 30 bis 40 cm breit (auch im Bastel- und Heimwerkermarkt erhältlich), entsteht eine Rutschbahn. An einen Stuhl oder niedrigen Tisch gelehnt oder mit zwei Haken versehen (eingeschraubt) an die Sprossenwand gehängt, wird daraus eine »Zimmerrutsche« für Regen- und Wintertage.

Noch leichter wird's, wenn ein Erwachsener sich auf einen Stuhl setzt und das Brett schräg an seine Knie lehnt. Das Kind kann nun hinaufkrabbeln und wieder herunterrutschen.

ACHTUNG Sind mehrere Kinder anwesend, sollte die Rutsche gut befestigt und mit Matratzen oder Kissen rundherum gesichert werden.

TIPP Mit Hilfestellung durch eine zweite Person kann das Spiel noch besser durchgeführt werden.

Auf dem Spielplatz bereitet das zu Hause geübte Rutschen dann besonders viel Spaß – vor allem, wenn es dann noch mit diesem fröhlichen Lied begleitet wird:

Auf der langen Rutsche
gleit' ich froh hinab,
gleit' ich froh hinab,
siehst du, liebe Mama (Papa),
welchen Spaß ich hab!
(Melodie: »Alle meine Entchen«.)

Mal rutsche ich hinunter,
mal krabbel ich hinauf,
mal krabbel ich hinauf,
das stärkt meine Muskeln,
und Freude hab ich auch!

Ross- und Reiter-Spiele

Dazu eignen sich: Hula-Hoop-Reifen, Wasserschlauchreifen (siehe Bastelanleitung, S. 52), Fahrradschläuche oder -reifen, ein Springseil, ein langer Schal oder ein Gürtel.

Mit »Schnalzen und Wiehern« geht's auf zur Kutschfahrt. Legen Sie Reifen oder Seil in Achsel- oder Taillenhöhe um den Körper des Kindes, so dass Sie – der Kutscher – Seil oder Reifen gut am Rücken des Kindes festhalten können. Nun geht's mit »Hü und Hott« durch die ganze Wohnung. »Brrr, anhalten« und dann wird gewechselt.

Sie sind das Pferd und der Reiter zeigt, wo es lang geht. Sicher sind Sie ein gutes Gespann.

Auch auf Ihrem Rücken sitzt der kleine Reiter sattelfest, wenn er sich an Reifen, Tuch oder Seil gut festhalten kann, das Sie sich vor dem ersten »Ausritt« in Achselhöhle umlegen (Seil muss verknotet sein). Im Galopp geht's dann geradeaus, um Kurven und Ecken. Schaukeln Sie dabei mal nach rechts, mal nach links, mal vor und zurück, mal auf und mal ab und halten Sie ruckartig an, wobei der Reiter vorsichtig abgeworfen wird.

Hierbei wird nicht nur die Reaktionsfähigkeit, sondern auch das Gleichgewichtsorgan im Ohr spielerisch trainiert. Das Reiten auf den Schultern ist das Lieblingsspiel vieler Väter und Kinder.

ACHTUNG Bitte achten Sie beim Absteigen des Reiters auf eine möglichst weiche Unterlage.

Ich bin ein kleines Pony

Text und Melodie: Klaus W. Hoffmann

2 – Und komm ich nicht mehr mit,
dann laufe ich im Schritt.

3 – Und bin ich dann mal schlapp,
dann laufe ich im Trab
und werfe Conny ab. Plumps!

Hätt' ich doch ein Pony ...
ach, wie wär das fein,
ach, wie wär das fein,
könnt ich darauf reiten
über Stock und Stein.
(Melodie: »Alle meine Entchen«.)

Statt Pferd und Reiter können Sie auch Auto, Eisenbahn, Flugzeug oder Hubschrauber spielen. Der Reifen ist dann das Lenkrad. Jetzt wird gehupt, gebremst und wieder angefahren. Die Feuerwehr kommt eilig mit »Ta-tü-ta-ta«.

Ri-ra-rutsch

Text und Melodie: volkstümlich

Sind mehrere Personen anwesend, so erhöhen Wettfahrten und vorsichtige Zusammenstöße den Spielreiz.

Eisenbahn und Hubschrauber fahren oder fliegen anders als das Auto. Eine »Schnauferlbahn« kriecht ganz langsam den Berg hinauf. Mit Schnaufen und Pusten wird sie immer schneller, »tsch, tsch, tsch und pf, pf, pf ...«. Sicher fallen Ihnen und Ihrem Kind noch andere Möglichkeiten ein.

Autolied

Kommt ein Auto angefahren,
erst ganz langsam, dann ganz schnell,
fährt mit hundert um die Ecke,
seine Räder quietschen hell.
Liebes Auto, fahre langsam,
nimm dir doch ein wenig Zeit,
genieß' die schöne Landschaft,
bis nach Haus ist's nicht mehr weit!
(Melodie: »Kommt ein Vogel geflogen«.)

Eisenbahnlied

Meine kleine Eisenbahn
fährt heut nach Berlin,
fährt heut nach Berlin,
und wer einen Fahrschein hat,
den nehme ich auch mit.

In dem Speisewagen
schmeckt das Essen fein,
schmeckt das Essen fein,
und wer auch noch durstig ist,
der trinkt ein Gläschen Wein.

(Sprechen: Alle einsteigen, Türen schließen, Vorsicht am Bahnsteig!
Melodie: »Alle meine Entchen«.)

Flugzeuglied

Ich flieg in meinem Flugzeug
wohl übers weite Land,
wohl übers weite Land,
da seh ich viele Leute
und winke mit der Hand.

Nun dreh ich eine Kurve,
ihr Leute sollt mal seh'n,
ihr Leute sollt mal seh'n,
wie ich mit meinem Flugzeug
kann rundherum mich dreh'n.

Nun will ich wieder landen,
mein Ziel soll (Ort einsetzen) sein,
mein Ziel soll ... sein.
Da kenn ich viele Leute
und bin nicht so allein.
(Melodie: »Alle meine Entchen«.)

Punchingball

Dazu benötigen Sie: Festen Stoff (Filz oder Leinen) und Styroporschnipsel. Je nach Wunsch und Alter Ihres Kindes nähen Sie entweder einen großen Sack von 50 mal 25 cm oder 30 mal 15 cm und füllen ihn fest mit Styropor, binden oder nähen ihn gut zu und befestigen ein Gummiband daran.

TIPP Wenn Sie ihn aufhängen, überprüfen Sie bitte das Umfeld, damit durch den tanzenden Ball nichts kaputtgehen kann.

Und nun darf Ihr Kind seine Temperamentsausbrüche oder Frustrationen auf den Ball ableiten. Kleineren Kindern dient der Ball zur Übung von Koordination Hand – Auge oder Fuß – Auge, wenn es versucht, den Ball mit Händen oder Füßen zu greifen oder dagegenzuschlagen.
Ein Glöckchen am Gummi erhöht die Treffsicherheit.

Wasserschlauch-Reifen

Aus einem Wasserschlauch beliebigen Durchmessers können Sie einen interessanten Reifen herstellen.

Dazu benötigen Sie: Ca. 1 m Schlauch (Garten- oder Baucenter), in den Sie kleine Holz- oder Glasperlen füllen. Die Perlen sollten sich im Schlauch bewegen können. Verbinden Sie die beiden Enden des Schlauches mit einem Holzdübel oder einer dicken Perle, die mit etwas Schnellkleber versehen wird. Zuvor sollte jedes Schlauchende für sich mit einer dicken Perle verschlossen sein.

Kreis- und Bewegungsspiele

Spiele, die Musik, Sprache und Bewegung verbinden, wirken auf kleine Kinder sehr anregend und kommen ihrem Nachahmungsbedürfnis entgegen. Ein Kleinkind drückt meist spontan aus, was es bei einer Musik empfindet. Es wiegt sich im Rhythmus und versucht, Bewegungen mit dem ganzen Körper auszudrücken.

Sprache wird durch Lieder und Verse belebt, und ganz von sich aus versucht das Kind, auf seine Weise mitzusingen oder mitzusprechen und zu tanzen, wobei das Tun und nicht die Ausführung zählt. Mit wachsendem Alter macht es Kindern dann auch Spaß, Tiere zu imitieren.

TIPP Spiele, die mehrere Bewegungen erfordern, müssen zunächst langsam gesprochen oder gesungen werden, da sich Reaktions- und Bewegungsschnelligkeit beim Kind langsam entwickeln.

Wiederholungen sind daher sehr beliebt und stärken die Freude über das Können. Ein einfacher Text erleichtert es dem Kind, den Spielablauf zu durchschauen und sein Interesse zu wecken. Kreisspiele zu zweit, aber auch in Gemeinschaft mit anderen, führen zu Kontaktbereitschaft und Freude am gemeinsamen Tun.

ACHTUNG Das Anfassen eines anderen Kindes oder Erwachsenen kann manchmal Scheu oder Angst auslösen.

Selbst wenn ein Kind die Gruppe kennt, sollte es nicht zum Mitmachen gezwungen werden. In einer gelockerten Atmosphäre entschließt es sich meist von selbst, wenn es den Spaß der anderen sieht.

Folgende Kreis- und Bewegungsspiele haben in unseren Gruppen immer wieder Begeisterung ausgelöst.

Spiele mit Tastsäckchen

Tastsäckchen fühlen sich sehr unterschiedlich an. Was knistert und raschelt da so geheimnisvoll? Sind es Nüsse, Erbsen, Bohnen, Sand, Grieß, Zucker, Raschelpapier, Styropor oder andere Sachen? Schon Babys entzückt das Spiel mit verschieden gefüllten Säckchen und auch Kleinkinder erleben viele Impulse und Anregungen bei diesen Spielen.

So wird's gemacht: Nähen Sie ca. fünf Säckchen aus Stoffresten in der Größe von ca. 9 mal 13 cm und füllen Sie diese mit unterschiedlichen Materialien. Und nun kann's losgehen!

Packeselspiel

Ihr Kind krabbelt mit allen Säckchen auf dem Rücken durch den Raum. Das Lied vom »Kleinen Esel« untermalt den Balanceakt.

Ein kleiner Esel

Text und Melodie: Anneliese Gaß-Tutt

Jetzt liegen die Säckchen auf den Füßen des Kindes. Mit kleinen Schritten geht das Kind schwerfällig im Kreis herum.

Alle Bewegungen werden dem Text entsprechend ausgeführt. Zum Schluss dürfen die Säckchen mit Händen oder Füßen in die Luft geworfen werden. Dazu singen Sie das folgende Lied:

Tanzbär

Überliefert

Pinguinspiel

Ein auf dem Kopf liegendes Tastsäckchen fördert das aufrechte Gehen. Es ist gar nicht so einfach, nun auch noch ein Lied dazu zu singen oder entsprechende Bewegungen nachzuahmen ... Nur Mut, das Lied vom Pinguin auf der nächsten Seite untermalt den Spielspaß.

Ich heiße August Fridolin

Text und Melodie: Barbara Böke

2 – Und meine Frau heißt Wulliwisch,
sie schwimmt im Wasser wie ein Fisch.
3 – Wir haben auch noch Kinderlein,
die wackeln lustig hinterdrein.
4 – Wir sind Familie Pinguin
und watscheln nun zum Wasser hin.

Storchspiel Die Tastsäckchen werden im Kreis oder in einer langen Reihe in kurzen Abständen auf dem Boden verteilt. Soll der Kreis größer sein, zum Beispiel wenn mehrere Kinder mitspielen, kann er mit Papier, Stoff- oder Fellresten und anderen Dingen erweitert werden. Im »Storchengang« geht's nun mit nackten Füßen über die Säckchen, wobei die Beine im Wechsel gut angehoben werden.

Auf einem Bein stehen ist gar nicht so leicht, und um die Säckchen mit den Füßen greifen zu können, braucht man auch schon etwas Übung. Größeren Kindern gelingt es vielleicht schon, die Säckchen mit den Füßen nach oben zu schleudern oder deren Inhalt mit den Füßen tastend zu erraten.

Singen Sie dazu das Lied »Auf unserer Wiese gehet was ...«.

Auf unsrer Wiese gehet was

Worte: H. Hoffmann von Fallersleben
Melodie: Überliefert

Ihr denkt, das ist der Klapperstorch,
watet durch die Sümpfe.
Hat ein schwarz-weiß Röckchen an, trägt auch rote Strümpfe,
fängt die Frösche schnapp, schnapp, schnapp,
klappert lustig klapperdiklapp.
Nein, es ist Frau Störchin!

Dabei gehen die kleinen Störche hintereinander über die »Tastwiese«. Das Fangen der Frösche (mit den Worten »schnapp, schnapp, schnapp«) wird mit den Händen angedeutet, indem diese zusammengelegt und wieder geöffnet werden, die Handballen aber geschlossen bleiben. Bei den Worten »klappert lustig« wird ganz einfach in die Hände geklatscht.

Einfache Kreisspiele

Ringel, Ringel, Reihe

Text und Melodie: volkstümlich

Ringel, Rangel, Rosen, schöne Aprikosen,
Zuckerkuchen, Bienenstich,
alle Kinder drehen sich.
(Sprechen: Gut für Mama, gut für Papa,
alle Kinder machen »Hopsassa«.)

Dabei fassen sich alle Spieler an die Hände, alternativ kann auch ein Reifen zum Anfassen genommen werden. Dem Vers entsprechend setzen sich alle und rufen »Husch, husch, husch ...«. Bei »Gut für Mama, gut für Papa« gehen alle in die Hocke, um dann bei »Hopsassa« die kleineren Kinder an den Händen haltend nach oben zu wirbeln.

Beim zweiten Vers drehen sich alle, stampfen und klatschen dabei.

Linkes Bein

Text und Melodie: volkstümlich

Großmama, Großpapa,
sind zu uns're Party da,
tanzen hin, tanzen her,
das ist gar nicht schwer!

Kleiner Schritt, großer Schritt,
alle Füßchen tanzen mit,
hin und her, hin und her,
das ist gar nicht schwer!

Dem Text entsprechende Bewegungen ausführen, wobei die Erwachsenen es den Kindern vormachen.

Der Muntermacher

Das ist gerade	(Arme weit ausstrecken),
das ist schief	(Arme schräg stellen).
Das ist hoch	(Arme hoch strecken)
und das ist tief	(Oberkörper und Arme zeigen zum Boden).
Das ist dunkel	(Hände vor die Augen halten),
das ist hell	(Hände von den Augen nehmen).
Das ist langsam	(mit den Füßen stampfen),
das ist schnell	(schneller stampfen).

Rummelbummel

Text und Melodie: Thilde Lorenz

2 – Eine alte Hexe, die rührt im Topf herum, und die Trommel …
3 – Eine fette Kröte, die dreht sich dreimal um, und die Trommel …
4 – Eine dicke Hummel, die macht ein laut Gesumm, und die Trommel …
5 – Eine gelbe Rübe, die fällt auf einmal um, und die Trommel …

Und das Liedchen, und das Liedchen, das ist aus, rumbum,
und wir gehen jetzt, wir gehen jetzt nach Haus. Rumbum!

Die Spieler gehen im Kreis und haben eine Trommel (siehe Bastelanleitung S. 102) umgehängt. Sie zeigen ein Haus, indem sie die Hände zu einem spitzen Dach zusammenlegen (Fingerspitzen zusammen, Hände spreizen), klopfen auf die Trommel. Beim Schauen werden die Hände schräg an die Stirn gelegt (wie beim Sonnenschutz). Der Buckel wird durch Beugen des Oberkörpers dargestellt. Anschließend auf die Trommel schlagen. Wenn keine Trommel vorhanden ist, wird in die Hände geklatscht. Zu den weiteren Versen die entsprechenden Bewegungen ausführen.

Der Sonnenkäferpapa

Überliefert

Sie haben rote Röckchen an
mit kleinen schwarzen Pünktchen dran.
Sie machen ihren Sonntagsgang
auf uns're Fensterbank entlang,
sie machen ihren Sonntagsgang
auf uns're Fensterbank entlang.

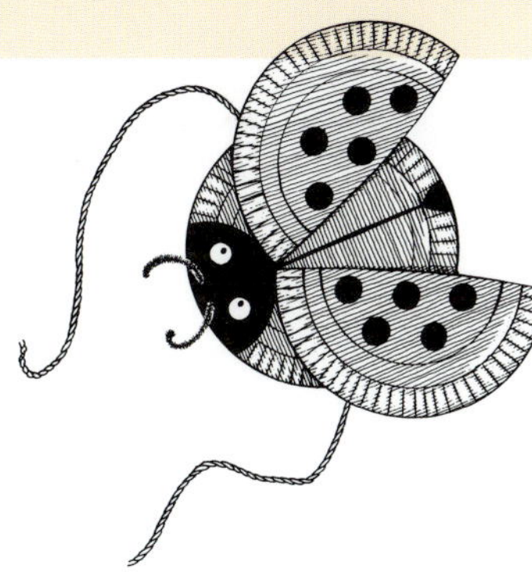

Spielanleitung

Ein Kind oder Erwachsener ist der Sonnenkäferpapa, eine weitere Person die Sonnenkäfermama und die restlichen Spieler sind die Kinderlein. Das Flügelschlagen mit Armen und Händen imitierend gehen alle nacheinander durch den Raum oder im Kreis herum.

In der zweiten Strophe werden alle »Käfer« über Stühle, Bänke, stabile Kartons usw. geführt. Die Käfer können außer fliegen noch krabbeln, laufen und schleichen oder kriechen usw.

TIPP Besonders festlich und echt wird das Spiel mit einem Käppchen aus Tonpapier. Aus Krepppapier oder rotem Stoff kann leicht ein Röckchen entstehen, auf das schwarze Punkte geklebt werden.

Bastelanleitung für den Käferhut Der Käferhut besteht aus zwei Papptellern (siehe S. 61). Ein Teller wird für die Flügel in der Mitte geteilt. Alle Teile werden mit Plakatfarbe rot angemalt und mit Augen und schwarzen Punkten versehen. Die Flügel werden auf den anderen Teller geklebt. Zum Schluss bekommt der Käfer Fühler aus schwarzen Pfeifenputzern und einem Hutgummi.

Der Hampelmann

Text und Melodie: volkstümlich

2 – Jetzt zieht Hampelmann seine Strümpfe an ...
3 – Jetzt zieht Hampelmann seine Hose an ... usw.

Spielanleitung Die Spieler stehen im Kreis und ahmen die angegebenen Tätigkeiten nach. Beim Refrain »hampeln« alle wie ein Hampelmann, wobei die Arme und Beine im Wechsel zusammen- und auseinander gehen.

Das Lied passt auch gut zu einem Verkleidungsspiel. Dazu besorgen Sie sich Requisiten aus der Kleiderkiste (zum Beispiel alte Hüte, Schuhe, Handschuhe, Kleider usw.). Jedes Kind sucht sich ein Kleidungsstück aus und versucht, sich allein anzuziehen. Zum Schluss tanzen alle durch den Raum. Diese Variante eignet sich gut für ein Kinderfest.

Große Uhren

Große Uhren machen tick-tack, tick-tack.
Kleine Uhren machen tick-tack, tick-tack, tick-tack, tick- tack.
Und die kleinen Taschenuhren
machen ticketacketicketacketicketacke.
Und die große Kirchenuhr macht ding-dong.

Die Arme werden über dem Kopf seitlich langsam hin und her bewegt. Dann den Oberkörper beugen und die Arme immer schneller hin und her schwingen. Mit den Füßen schnell stampfen. Nun die Beine grätschen und den Oberkörper beugen. Die Arme pendeln durch die Beine. Alternativ kann gesprungen werden, indem jeweils die Arme nach oben gestreckt werden.

Eine andere Möglichkeit: Beide Hände deuten das Wort »groß« an; das Ticken der Uhr wird durch Klopfen mit den Fäusten angedeutet.

Beide Hände zeigen das Wort »klein«; das schnellere Ticken wird mit den flachen Händen ausgeführt.

Daumen und Zeigefinger zeigen »ganz klein«; das sehr schnelle Ticken wird rhythmisch mit den Zeigefingern ausgeführt. Die großen Kirchenglocken werden mit beiden Händen gleichzeitig geklopft.

Hoch am Himmel

Hoch am Himmel, tief auf der Erde,
überall ist Sonnenschein.
Wenn ich nicht ein Kindlein wäre,
möchte ich ein Vög'lein sein.
Piep-piep-piep-piep, piep-piep-piep-piep, piep-piep-piep-piep ...

2 – Katze: Miau-miau ...
3 – Hund: Wau-wau ...
4 – Fröschlein: Quak-quak ...
5 – Auto: Tut-tut.

Sicher fällt Ihnen noch anderes ein.

Spielanleitung

Das Spiel kann im Sitzen und im Stehen gespielt werden. Die Arme zeigen zuerst nach oben. Nun werden die Hände bis zum Boden gestreckt. Die Sonne wird mit einem großen Kreis durch die Arme beschrieben.

Das »Ich« zeigen und das Piepsen mit Daumen und Zeigefinger andeuten. Der Vogel kann auch mit weit ausgestreckten Armen durch den Raum flattern. Die Katze schleicht leise miauend, der Hund rennt kläffend, das Fröschlein hüpft quakend und das Auto fährt hupend durch den Raum.

Ein Vogel wollte Hochzeit machen

Text und Melodie: volkstümlich
Weitere Verse: Autorinnen

Nach dieser Melodie lässt sich auch der folgende Text singen:

Die Kinderlein, die Kinderlein, die wollen heut mal Tiere sein.
Fidiralalala, fidiralalala, fidiralalala.

Der Patrick (Name eines Kindes einsetzen) *ist der Elefant,*
schwenkt seinen Rüssel mit der Hand.
Fidiralalala ... (Mit Daumen und Zeigefinger der linken Hand die Nase greifen, rechte Hand und Arm als Rüssel durchstecken.)

Der Nico ist der braune Bär, er leckt das Honigtöpfchen leer.
Fidiralalala ... (Aufrecht laufen und so tun, als ob die Hand abgeleckt wird.)

Marienkäfer-Fingerpüppchen

Um wieder Ruhe ins Spiel oder Fest zu bringen, können Sie mit Ihrem Kind oder der Gruppe den »Sonnenkäfer« auch als Fingerspiel ausklingen lassen (siehe S. 61). Vorher sollten Sie den kleinen Kerl aus Filmdöschen gebastelt haben.

Sie benötigen: Leere Filmdöschen, Watte- oder Styroporkugeln (30 mm), schwarze Pfeifenputzer, Klebepunkte in schwarz und rot, Wasserglas, Pinsel, Plakatfarbe (orange und schwarz), Tonpapier oder Filz in Rot, spitze Schere, Klebstoff, Permanentmarker (rot, schwarz und weiß).

Und so wird's gemacht: Die Wattekugeln werden orange angemalt. Nach dem Trocknen wird ein schwarzes Käppchen aufgemalt und das Gesicht gezeichnet. Aus Tonpapier (evtl. mit Hilfe eines Wasserglases) einen Kreis zeichnen und in der Mitte durchschneiden. So entstehen die Flügel, die noch einige schwarze Klebepunkte (Schreibwarengeschäft) bekommen. Vom Pfeifenputzer ca. 18 cm abschneiden und in der Mitte knicken. Die Fühler werden an der Spitze zweimal umgebogen. Mit spitzer Schere oben in den Kopf ein Loch bohren und mit etwas Klebstoff die Pfeifenputzer im Loch befestigen. Kopf und Flügel an der Filmdose festkleben und das schwarze Kleid mit zwei roten Klebepunkten verzieren (siehe Foto). Fertig ist der schmucke Käfer.

TIPP

Aus vielen Käfern können Sie ein Mobile anfertigen, an dem schon die Kleinsten ihren Spaß haben. Zusammen mit dem Pfeifenputzer müssen Sie nur einen Nylonfaden mit festkleben.

Überraschungskäfer entstehen, wenn Sie die Filmdöschen mit Kleinigkeiten, z.B. Gummibärchen, kleineren Bildchen, Gutscheinen (wie einen Zoobesuch) und anderem füllen. (Auch als Geschenkidee für Spiel- und Bastelspaß – S. 133 – geeignet.)

Der Brummbär

Brumm, brumm, brumm,
der Teddy dreht sich um.
Jetzt hebt der Teddybär ein Bein,
ei, das macht der Teddy fein.
Brumm, brumm, brumm,
der Teddy dreht sich um.

Brumm, brumm, brumm ...
Die Arme schwingt er rauf und runter,
davon wird der Teddy munter.

Brumm, brumm, brumm ...
Seht euch mal den Teddy an,
wie er so schön springen kann.

Brumm, brumm, brumm ...
Nun fängt er noch zu rennen an,
damit ihn keiner fangen kann.

Brumm, brumm, brumm ...
Der Teddy fängt zu winken an,
seht mal, was der Teddy kann.

Die angegebenen Bewegungen werden entsprechend nachgeahmt. Zum Refrain wird geklatscht. (Melodie: »Hopp, hopp, hopp«.)

Fingerspiele und erste Aktionsgeschichten

Der Wert dieser Spiele liegt in ihrer Einfachheit, da sie leicht und ohne Aufwand überall und jederzeit durchgeführt werden können. Sie entzücken schon das Baby durch vielerlei Anreize und bilden für das Kleinkind einen lustvollen »Erlebnisschmaus«.

Mit Reimen oder Liedern begleitet, vermitteln diese Spiele dem Kind den Spaß an Wortklang sowie Rhythmik und Melodie der Sprache und erfordern Konzentration und Geschicklichkeit.

Die Möglichkeit der eigenen schöpferischen Improvisation ist bei Kindern besonders beliebt.

Schon bald versucht das Kind, dem Vorbild des Erwachsenen durch ständiges Wiederholen zu entsprechen, weshalb die Verse anfangs langsam und ausdrucksvoll gesprochen und gespielt werden sollten.

Einzeln oder in Gruppen gespielt, unterstützen Fingerspiele Kontaktfreude und Kommunikationsbereitschaft und leiten zu einfachen Hand- und Fingerpuppenspielen über. Im Darstellen leicht verständlicher und kurzer Aktionsgeschichten können sich Kinder gestalterisch einbringen, wozu sie im Kleinkindalter besonders gern bereit sind.

Alte Fingerspielverse, wie »Hast'n Taler, geh auf den Markt« und »Das ist der Daumen«, sind sicher bekannt und regen zur Wiederholung an. Eigene Verse mit den entsprechenden Bewegungen erhöhen den Spielspaß.

Bastelanleitung für Fingerpuppen

Aus Stoff-, Fell-, Filz- oder Plüschstoffresten lassen sich recht einfache Fingerpuppen herstellen und der Wichtel ist schnell aus Wollresten gezaubert.

Dazu benötigen Sie: Einen Stoffkleber oder Nadel und Faden. Einige Perlen in rot, blau und schwarz eignen sich gut für Nase und Augen, doch es lassen sich hierfür auch entsprechende Teile aus Filz herstellen.

So wird's gemacht: Schneiden Sie sich ein Stück Stoff in ca. 4 cm Breite und ca. 12 cm Länge zu. Falten Sie es in der Mitte und kleben oder nähen Sie es an den Rändern der beiden Längsseiten so zu, dass ein Finger gut Platz findet. Nun werden die jeweilig zum Tier passenden Ohren an die obere Seite genäht (siehe Zeichnung S. 67). Das ***Schwein*** erhält eine runde Schnauze aus rosa Filz mit zwei kleinen Perlen als Nasenlöcher oder einen kleinen Perlmuttknopf mit zwei Löchern. Der ***Hund*** bekommt eine Zunge aus rotem Filz und eine dunkelbraune oder schwarze Perle als Nase. Grüne Augen bekommt die ***Katze*** aus Filz oder Perlen auf schwarzem Untergrund und die Schnurrhaare können leicht aus weißem Baumwollgarn oder dünner Perlonschnur gefertigt werden. Der ***Käfer*** bekommt einen schwarzen Körper aus entsprechendem Stoff oder aus einer abgeschnittenen Handschuhfingerkuppe. Die Flügel werden aus rotem Filz ausgeschnitten und mit schwarzen Punkten (wasserfester Filzstift oder aus Filz) versehen.

Für den gestrickten ***Wichtel*** nehmen Sie je nach Dicke des Garns 12 bis 15 Maschen auf und stricken 8 bis 10 Reihen glatt rechts. Von da aus nehmen Sie in jeder Rechtsreihe jeweils 1 Masche am Rand ab, bis die Maschen verbraucht sind. Der Rand wird zusammengenäht und ein Gesicht auf den unteren Teil gestickt oder aus Filz aufgeklebt. Die Spitze wird entweder mit einem Glöckchen oder einem Wollpompon versehen.

Spaziergang der Finger

Der Daumen wollt' spazieren gehen,
der Zeiger wollte mit ihm gehen.
Der Mittelfinger geht voran,
er hat die Wanderstiefel an.
Der Ringfinger, o wie fein,
singt ein Lied von »Hänschen klein«.

Der kleine Finger, ei der Daus,
packt schon bald den Rucksack aus.
Alle Finger froh und munter
laufen jetzt den Berg hinunter.
Kommen an ein kleines Haus,
schauen froh die Eltern raus.
Ja, da seid ihr ja!!!

Alle Finger spazieren der Reihe nach auf dem Tisch oder auf dem Arm oder Bauch des Kindes entlang. Froh und munter laufen sie anschließend in Richtung Kind oder Arm und Bauch hinunter. Mit flachen Händen wird das Hausdach angedeutet. Das Schauen wird durch das Anlegen der Hände an die Stirn demonstriert.

Bastelanregung

Sie können für die Finger ganz leicht Hüte aus Papier oder Handschuhen basteln. Dazu können die Fingerkuppen von alten Fingerhandschuhen genommen werden. Wenn Sie dann noch kleine Messingglöckchen an den Mützen befestigen, ist der Spaß perfekt. Wie Sie die Hütchen aus Papier herstellen können, zeigt die Zeichnung.

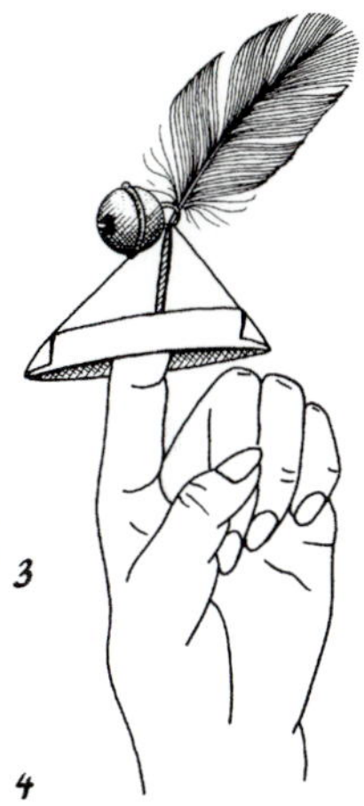

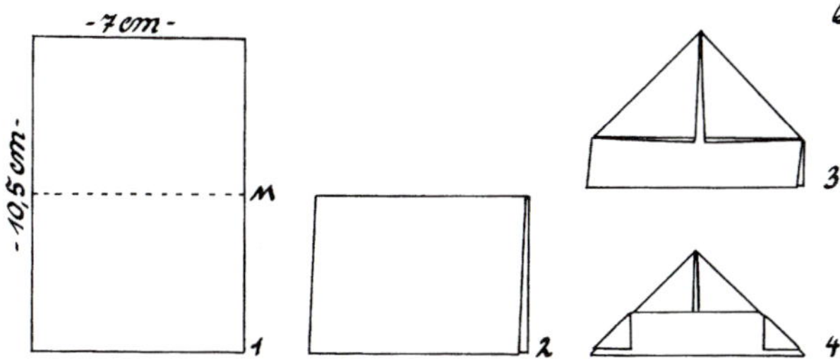

Segelbootpartie

Igel machen sonntags früh
eine Segelbootpartie.
Und die Kleinen jauchzen froh,
denn das Boot, das schaukelt so.
»Nicht so toll«, ruft Mutter Igel,
»denn ihr habt doch keine Flügel.
Und wenn ihr ins Wasser fallt –
hu, wie ist das Wasser kalt.« (Erich Weinert)

Spielanleitung So wird die Segelbootpartie zu einem Bewegungsspiel, das die Kleinen gerne mitmachen: Die Hände werden mit gestreckten, gespreizten Fingern gefaltet, so dass sie wie Stachel wirken. Das Boot wird mit beiden Handflächen, die zu einer Mulde zusammengelegt sind, gebildet. Leichte Schaukelbewegungen machen. Das Jauchzen wird durch Händeklatschen angedeutet. Der erhobene Zeigefinger verkörpert die Warnung von Mutter Igel. Die Flügel werden durch das seitliche Auf- und Abschwingen der Arme imitiert. Das Plumpsen ins Wasser wird mit beiden Händen auf Tisch oder Boden und das Frieren durch das Selbstumschlingen mit beiden Armen dargestellt. Zum Schluss mit beiden Händen auf die Schenkel patschen.

Diesen Vers können Sie auch als fröhliches Reiterspiel gestalten.

Im Zoo

Die Fingerlein, die Fingerlein,
die wollen heut mal Tiere sein.
Der Daumen, das ist allen klar,
ist der Elefant aus Afrika.
Zeigefinger ist die Giraffe,
Mittelfinger ist ein Affe.
Ringfinger, o wie fein,
soll mein Koalabärchen sein.
Kleiner Finger, welch ein Schreck,
läuft als Mäuschen einfach weg.
Ja, wo ist er denn?
Im Zoo, da ist es wunderschön,
da könnt ihr viele Tiere seh'n!

Die fünf Finger der Hand stellen die einzelnen Tiere dar. Das Suchen des Mäuschens wird überall am Körper des Kindes durchgeführt, wo es schön kitzelt.

Die Finger wollen schlafen gehen

Der Daumen wollte schlafen geh'n,
der Zeiger wollte mit ihm geh'n,
der Mittelfinger zieht sich aus,
der Ringfinger liest noch Mickymaus,
nur der kleine Finger will nicht ins Bett –
das finden seine Brüder gar nicht nett.
Alle kuscheln sich bald ein,
träumen von dem Sonnenschein.
(Schnarchen)

Die einzelnen Finger werden benannt, die sich in die andere Hand einkuscheln und schnarchen.

Wir spielen und fangen lustig an

Text und Melodie: volkstümlich

Spielanleitung

Je nach Alter des Kindes wird der Schwierigkeitsgrad erweitert. Immer mehr Finger werden eingesetzt, später auch die Zehen: Im Rhythmus des Liedes pochen sie auf Tisch oder Boden. Zum Schluss kann auch der Kopf noch drankommen und kräftig nicken.

In dem Walde steht ein Haus

In dem Walde steht ein Haus,
schaut ein Reh zum Fenster raus,
kommt ein Häslein angerannt,
klopfet an die Wand.
»Hilfe, hilfe! Große Not!
Heute gibt's kein Hasenbrot!«
Liebes Häschen, komm herein,
sollst nicht hungrig sein.

Spielanleitung

Die Fingerspitzen beider Hände werden zu einem Dach aneinander gelegt. Beide Zeigefinger und Daumen stellen ein Fenster zum Durchschauen dar. Das Rennen wird im Rhythmus des Liedes mit den Händen imitiert. Mit den Zeigefingern wird das Klopfen auf dem Tisch und der Hilferuf durch das Heben der Arme dargestellt. Mit Winken wird das Häschen hereingebeten und zum Gruß die Hand gereicht.

Tanz der Riesen und Zwerge

Da oben auf dem Berge,
eins, zwei, drei,
da tanzen sieben Zwerge,
eins, zwei, drei.
Da unten auf der Wiese,
eins, zwei, drei,
da stampft der große Riese,
eins, zwei, drei.

Es kann im Sitzen oder Stehen gespielt werden: Die Finger tanzen als Zwerge auf dem Kopf herum; die Füße ahmen das Stampfen des Riesen nach.

Himpelchen und Pimpelchen

Himpelchen und Pimpelchen stiegen auf einen Berg.
Himpelchen war ein Heinzelmann und Pimpelchen ein Zwerg.
Sie blieben lange dort oben sitzen
und wackelten mit ihren Zipfelmützen.
Doch nach sieben langen Wochen
sind sie in den Berg gekrochen.
Sie schlafen da in guter Ruh',
pssst, seid schön still und hört gut zu!
ch–ch–ch (Schnarchen)
Doch dann sind sie aufgewacht
und haben beide laut gelacht. Ha, ha, ha, ha.

Dazu benötigen Sie: 2 Waschlappen (quadratisch), Nadel, Faden, Gummi- und Dekoband, Waschwatte, Wackelaugen (Bastelgeschäft), Glöckchen, Stickgarn.

Bastelanleitung für kleine Handpuppen

So wird's gemacht: Jeweils einen Waschlappen diagonal übereinander legen, so dass ein Dreieck entsteht. Zwei Drittel der einen von den beiden kürzeren Seiten mit einer Naht schließen, so dass eine Tüte für den Kopf entsteht. Stopfen Sie nun so viel Waschwatte hinein, dass Kopf und Zipfelmütze gut gefüllt sind. Anschließend wird die Öffnung mit einem Gummiband so verschlossen, dass noch bequem ein Finger durchpasst. Für Arme und Hände werden die beiden sich gegenüberliegenden, kurzen Ecken jeweils nach oben umgeschlagen und so weit mit einer äußeren Naht versehen, dass Daumen und Mittelfinger darin Platz finden. Die Zipfelmütze wird mit einem Glöckchen verziert. Für das Gesicht werden zwei Wackelaugen fest angenäht, darunter ein lachender und an der anderen Puppe ein staunender (runder) Mund gestickt oder aus Filz ausgeschnitten und mit Stoffkleber aufgeklebt. Ein leuchtendes Band schmückt anschließend den Hals.

Regenverse und Regenlieder

Regen, Regentröpfchen
(Mit den Fingern sanft auf den Kopf klopfen)
fallen auf mein Köpfchen.
Pustet starker Wind, (Pusten)
alles trocken ganz geschwind.

Gewitter

Es tröpfelt ganz sacht
nun schon eine Nacht.
Gleich regnet es sehr,
jetzt regnet es mehr,
es donnert und blitzt,
der/die (Name des Kindes) *gleich flitzt*
in das Haus hinein,
und hinterher ist wieder Sonnenschein.

Spielanleitung Dem Text entsprechend wird das Tröpfeln durch das Klopfen mit Fingerspitzen, das Regnen mit flachen Händen, das Donnern mit Fäusten, der Blitz durch Händeklatschen dargestellt. Die Hände flitzen in Richtung Kind, bilden dann ein Dach, woraus man schauen kann, und mit den Armen wird die Sonne durch einen Kreis beschrieben.

Es regnet

Es regnet, es regnet, es regnet seinen Lauf,
und wenn's genug geregnet hat,
dann hört's auch wieder auf.
(Nach der Melodie: »Wir spielen ...«, S. 71.)

Im Rhythmus des Liedes mit den Fingern auf die Tischplatte klopfen.

Der kleine Apfel

In einem großen Garten steht ein alter Apfelbaum. An seinen Zweigen hängen dicke, rote Äpfel. Nur einer war noch unreif, grün und sehr klein. Der kleine Apfel war deshalb traurig und weinte leise vor sich hin. *»Ach, wenn ich doch auch so schön rot und dick wie meine Geschwister wäre!«* Dicke Tränen kullerten ihm über seine kleinen Apfelbäckchen. Das hörte die Sonne und versprach, ihm zu helfen. Sie schien so heiß sie nur konnte. Der kleine Apfel bekam sogar etwas Farbe, doch er wurde einfach nicht dicker. Wieder jammerte er. *»Ach, wär ich doch auch so dick wie die anderen!«* Das hörte eine große, graue Wolke und auch sie versprach zu helfen. Sie schob sich vor die Sonne und schickte viele Regentropfen, denn der Apfelbaum war sehr durstig. Es regnete immer mehr und der Apfel wuchs und wuchs. *»Genug«*, rief er der Wolke zu. Das hörte der Wind und pustete

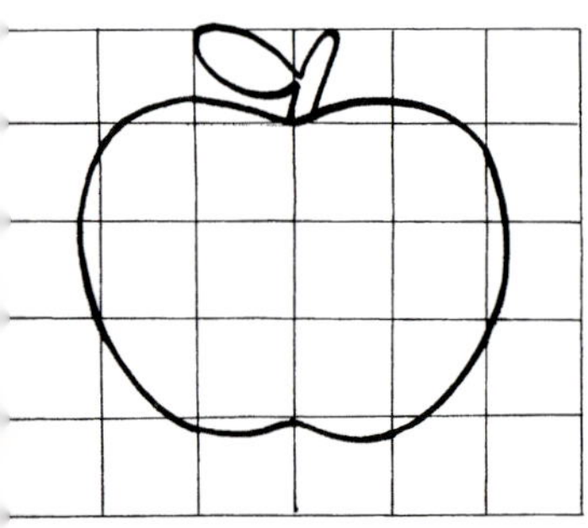

1 Kästchen = 5 x 5 cm

und pustete so kräftig, dass die große Wolke weiterzog. Der kleine Apfel freute sich sehr und tanzte und schaukelte zusammen mit den anderen Äpfeln hin und her, auf und nieder. »*Hu hu hu*«, so pfiff und heulte der Wind durch die Äste und holterdipolter, fielen die dicken, roten Äpfel – einer nach dem anderen – bis auf einen ins Gras. Da kamen Kinder in den Garten und riefen: »*Seht einmal, da hängt ja ein wunderschöner Apfel ganz allein am Baum!*« Vor Freude sprang der kleine Apfel, der nun schöner als alle anderen war, den Kindern in den Schoß, die sich den Apfel teilten.

Teilen, teilen, das macht Spaß,
denn wenn man teilt, hat jeder was!

Spielanleitung

Zuerst kann die Geschichte mehrfach vorgelesen oder erzählt werden. Allmählich werden Bewegungen eingebaut, wie das Zeigen von groß und klein. Der *Apfelbaum* wird durch den Körper, die *Äste* und *Zweige* durch Arme und gespreizte Finger dargestellt. Die *Traurigkeit* kann durch das Hängenlassen des Kopfes, die *Sonne* und *Wolke* als großer Kreis mit den Händen beschrieben werden. Die *Regentropfen* werden durch stärker werdendes Trommeln mit den Fingerspitzen auf dem Tisch nachgemacht. Der *Wind* wird durch kräftiges Blasen, das *Schaukeln der Äpfel* durch das Hin- und Herschwanken des Körpers und der Arme angedeutet. Plumps, holterdipolter, fallen die Äpfel mit lautem Klopfen der Fäuste herab.

Besonders anschaulich wird das Spiel, wenn ein oder mehrere Äpfel vorhanden sind und zum Schluss jedes Kind ein Stück vom Apfel bekommt.

Bastelanregung

Nach der Geschichte können die Kinder Äpfel mit Wachsmalstiften, Fingerfarbe oder Tusche auf Papier oder Pappe malen. Größeren Kindern macht das Kleben mit Kleister auf Apfelschablonen Spaß. Dazu eignen sich Papierschnipsel, Apfelkerne und anderes. Das Experimentieren sollte dabei im Vordergrund stehen, nicht das Ergebnis.

Folgende Lieder erzählen musikalisch vom Apfel: »In einem kleinen Apfel«, »Der Apfelbaum« und »Auf der grünen Wiese«.

Äpfel ernten

Wir wollen in den Garten gehen,
nach den roten Äpfeln sehen,
ja, da winkt uns reicher Lohn,
alle Äpfel rufen schon:
»Wir sind reif, ihr müsst uns pflücken,
hoch euch strecken, tief euch bücken.«
Mancher fiel herab ins Gras,
Äpfel ernten, das macht Spaß!

Spielanleitung Bei diesem Vers werden das *Winken, Hochstrecken* sowie das *Bücken* nachgemacht. Es können auch blaue Pflaumen und gelbe Birnen geerntet werden. Größeren Kindern macht es Spaß, unter einem Tuch oder in einem Tastkasten Apfel oder Birne zu erraten.

Bastelanregung Apfelmobile aus Tonpapier oder aus Salzteig.

Geschichte von den Schneeflocken

In einer großen, weißen *Wolke* (mit Armen einen Kreis beschreiben) schliefen viele kleine *Schneeflöckchen*. Obwohl es schon lange Winter war, wollten sie einfach nicht aufwachen. Die Kinder hatten zu Weihnachten einen Schlitten bekommen, den sie gern ausprobieren wollten, doch es wollte nicht schneien. Die Schneeflöckchen schliefen ganz fest (Kopf auf Hände legen und schnarchen). Da sagte (Name einsetzen): »Wir müssen die Schneeflocken wecken, lasst uns ganz laut in die Hände klatschen!« (Klatschen)

Das war wirklich sehr laut, doch die Schneeflöckchen schliefen weiter tief und fest. Ein anderes Kind hatte die Idee, mit den Füßen zu stampfen. (Alle stampfen laut mit den Füßen.) Die Schneeflöckchen aber schliefen und schnarchten (Schnarchen imitieren) und kümmerten sich nicht um den Lärm. Da schickten die Kinder ihre »*Geburtstagsrakete*« los (Stampfen, klatschen, Indianergeheul). Die Schneeflöckchen wurden auch dadurch nicht wach.

»Wir sollten ein Schneelied singen«, rieten einige Kinder und dann sangen sie das *Lied* »Schneeflöckchen, Weißröckchen«. Noch ehe das

Lied zu Ende war, heulte plötzlich der Wind auf. »Huuuu!« Die Sonne versteckte sich hinter einer großen Wolke und siehe da, ganz, ganz langsam reckten und streckten sich die Schneeflöckchen und eine nach der anderen purzelte aus dem weichen, warmen Wolkenbett. (Kinder recken und strecken sich und tanzen und laufen im Raum herum.) »Juchhe, Juchhu, Juchheirassa, der erste Schnee ist da!« Endlich konnten die Kinder rodeln und eine Schneeballschlacht machen. (Mit Watte oder Papier Bälle formen und werfen.)

Liedbegleitung

Schnee, Schnee, Schnee,
Schnee, wohin ich seh'.
Bäume, Häuser sind verschneit,
tragen heut' ein weißes Kleid.
Hurra, hurra, hurra,
der Winter, der ist da.

Schnee, Schnee, Schnee,
Schnee, wohin ich seh'.
Schlittenfahren, Schneemann bauen,
herrlich ist das anzuschauen.
Juchheirassa,
der Schneemann steht nun da.

Schneeflöckchen, Weißröckchen,
da kommst du geschneit;
Du kommst aus den Wolken,
dein Weg ist so weit.
Schneeflöckchen, Weißröckchen,
komm zu uns ins Tal,
dann bau'n wir den Schneemann
und werfen den Ball!

Bastelanleitung

Schablonenmotive wie Schneemann, Wolke, Bäume, Häuser aus dicker Pappe oder Tonpapier mit unterschiedlichen Materialien wie weißer Watte, Papierschnipsel, Wolle bekleben. Man kann sie auch bemalen oder mit weißer Fingerfarbe betupfen oder bedrucken (Korkendruck siehe S. 96).

Auch ein Schneemannmobile lässt sich nach der Schablone leicht basteln.

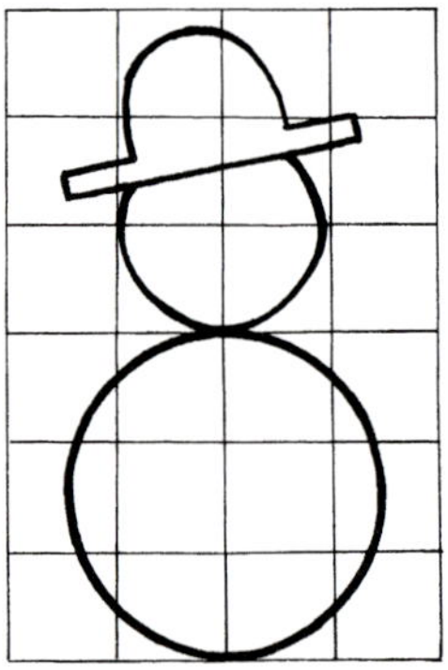

1 Kästchen = 5 x 5 cm

Im Garten steht ein Schneemann

Überliefert
Melodie: »Ein Männlein steht im Walde«

Da kommt die liebe Sonne,
sie scheint so warm.
Da fällt dem armen Schneemann
der Stock aus dem Arm.
Und auf einmal, ach wie dumm,
fällt der ganze Schneemann um.
Wir tanzen vor Vergnügen im Kreis herum.

Frau Holle, Frau Holle

Volkslied

Bastelanleitung

Ein großer Müllsack wird locker mit weichem Material gefüllt (z.B. Styroporschnipsel, Papier oder Federkissen). Den Sack mit einer weißen Tischdecke oder einem Betttuch abdecken und mit einem Gummiband in drei Teile abbinden (siehe Bild). Dann erhält der Schneemann aus Tonpapier schwarze Augen, Mund und Knöpfe sowie eine rote Nase (mit Doppelklebeband befestigen). Ein alter Hut bedeckt den Kopf, ein roter Schal und ein Besen vollenden das Werk.

Feinmotorische Geschicklichkeitsspiele

Kleinkinder sind neugierige »Tüftler«, vor allem dann, wenn sie dazu ermuntert werden. Vor ihrem unersättlichen Wissensdurst ist nichts sicher. Voller Ausdauer wird geprüft, befühlt und ausprobiert. Vieles will das Kind unbedingt allein machen.

TIPP Hilfestellung sollte dem Kind nur angeboten werden, wenn es alleine nicht weiterkommt.

Die Finger werden immer geschickter und haben ständig zu tun. Unsere selbst gefertigten Spiele eignen sich dabei hervorragend und ganz nebenbei kommt das bewegungsaktive Kind zur Ruhe. Es muss genau schauen und sich konzentrieren. Achten Sie darauf, Ihr Kind nicht zu überfordern, da es sonst schnell die Lust verliert.

ACHTUNG Das Spielangebot ist oft ein Balanceakt, der Feinfühligkeit erfordert, um den ausgewogenen Mittelweg zwischen Über- und Unterforderung zu finden.

Temperamentvolle Kleinkinder lassen sich nur ungern ihrem Bewegungsdrang entziehen, während andere Kinder sich schon verhältnismäßig lange ruhigeren Spielen widmen können. Ausprobieren und Basteln prägen mehr und mehr die spielerische Tätigkeit, doch noch immer zählt das Tun mehr als das Ergebnis. Ermunterung durch Lob fördert die Eigenständigkeit des Kindes. Am Abend wirken Geschicklichkeitsspiele oft ausgleichend und auch im Krankheitsfall oder auf Reisen sind diese Spiele eine willkommene Abwechslung.

ACHTUNG Um jedes Risiko zu vermeiden, sollten Sie Ihr Kind immer im Auge behalten, denn sein Neugierverhalten kennt noch keine Gefahren.

Einfache erste ***Steckspiele*** lassen sich schnell und leicht aus großen Joghurtbechern mit festem Deckel, Kaffeedosen mit Plastikdeckel, allerlei Kartons oder Schachteln aus Pappe oder Plastik basteln. Zum Einstecken eignen sich Wäscheklammern, Rundhölzer, Holzdübel, Korken, Nudeln, Makkaroni, Trinkhalme, Bausteine, Pappkärtchen, Postkarten, Bieruntersetzer, kleine Bälle (Tischtennisbälle) und Murmeln.

TIPP Je nach Alter des Kindes sollte die Form klar und eindeutig und das Einsteckmaterial ungefährlich und gut greifbar sein.

Mit zunehmendem Alter werden die Formen kleiner und vielfältiger. So empfiehlt es sich, einem kleineren Kind anfangs einen Behälter ohne Formendeckel zu zeigen und ein Spielzeug darin verschwinden zu las-

sen, bis es die Spielabsicht erkannt hat. Danach kann in den Deckel eine runde Form geschnitten werden, die mit zunehmender Geschicklichkeit immer kleiner wird. Die Lust auf weitere Formen kann auf diese Weise langsam gesteigert werden, ohne dass Sie eine Überforderung riskieren.

TIPP Zeigen Sie Ihrem Kind auch Einsteckformen aus der alltäglichen Umgebung wie Schlüssel und Schlüsselloch, Dosen, Töpfe mit Deckel, Flaschen mit Schraubverschluss sowie unterschiedliche Schüsseln und Becher zum Ineinanderstecken.

Erst ein zwei- bis dreijähriges Kind schafft eine Farbzuordnung, wenn es genug Möglichkeiten zum Probieren bekommt. Farblieder untermalen den Spielcharakter dieser Anregungen.

Zu der Melodie »Alle meine Entchen« wird folgender Text gesungen, indem nacheinander verschiedene Farben eingesetzt werden.

Wo ist denn das Rot geblieben,
wer hat es gesehn?
Wer hat es gesehn?
Ja, da hab ich's schon gefunden,
das ist wunderschön.
(Setzen Sie auch andere Farben ein.)

Vierfarbkasten

Die vier Seiten eines Waschmittelkartons werden mit verschiedenen Farben bemalt oder mit Klebefolie beklebt und mit Schlitzen in unterschiedlicher Größe waagrecht und senkrecht versehen. Karten in entsprechender Form und Farbe können leicht aus Pappe hergestellt werden.

Schneidet man Quadrate und Kreise in Größe und Form der Bausteine in die verschiedenen Seiten einer Waschmitteltonne, so finden beim Aufräumen die Klötze ganz spielerisch ihren Platz.

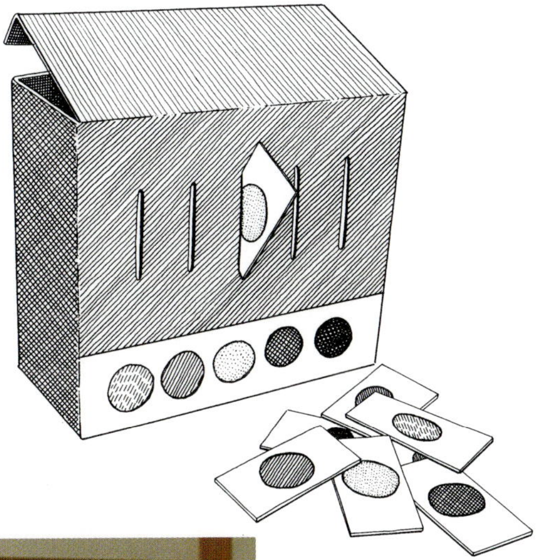

Marienkäfer oder Clown

Aus Kartons aller Art lassen sich einfache erste Steckspiele herstellen, indem das jeweilige Motiv auf den Deckel gemalt wird. So ergeben die Punkte auf dem Käferflügel ideale Öffnungen unterschiedlicher Größe für das Einsteckmaterial wie Korken, Murmeln, Holzdübel usw. Ein Schlitz am Treffpunkt der Flügel in der Mitte stellt eine weitere Möglichkeit zum Einstecken kleiner Pappkärtchen dar.

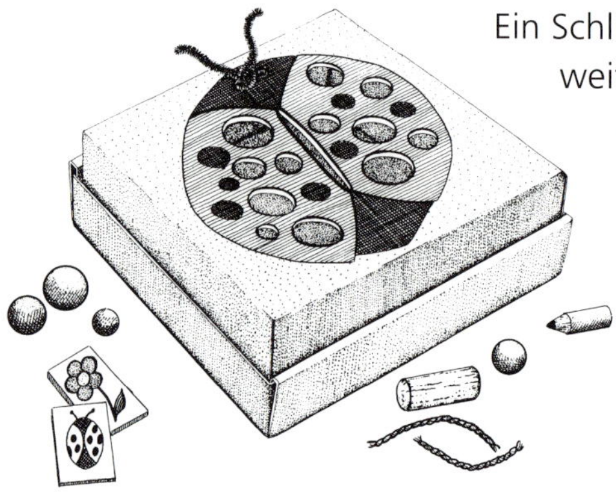

Der Clown ist eine weitere Gestaltungsmöglichkeit und sicher fallen Ihnen noch andere lustige Motive ein.

Zur fröhlichen Untermalung eignet sich das Lied vom »Sonnenkäferpapa« (S. 61).

Eierkartonbus

Eine lustige Variante stellt der Eierkartonbus dar, in dem eine Reisegesellschaft aus Korkenpuppen ihren Platz findet. Die Korkenpüppchen können nach eigener Vorstellung kreiert werden. Ein wenig Fell oder Wolle, ein Papierhütchen, eine Feder ergeben individuelle Kopfbedeckungen, indem sie auf eine Seite des Korkens geklebt werden. Ein Gesicht mit Filzschreiber, ein Bart aus Watte oder eine Zipfelmütze aus Filz, ein Kopftuch aus Stoffresten sind weitere Möglichkeiten, die Puppen zu schmücken. Platz finden sie in den Ausbuchtungen des umgedrehten Eierkartons. Beim ersten Mal sollten die Vertiefungen mit dem Korken vom Erwachsenen vorsichtig eingedrückt werden. Eine Kordel am vorderen Teil des Busses macht ein Hinterherziehen möglich. Noch einfacher geht's mit schlichten Sektkorken.

Scheibensteckspiel

Auch dieses Steckspiel ist leicht herzustellen und kostet fast nichts.

Sie benötigen dazu: Ein Holzbrett (Abfallholz) von ca. 40 cm Länge, 10 cm Breite und 4 cm Dicke, eine Bohrmaschine, 1 Holzbohrer, 4 Stangen, ca. 15 bis 20 cm lang, Holzkleber, gelochte Deckel nach Wahl.

So wird's gemacht: Im Abstand von jeweils 5 cm wird ein Loch entsprechend dem Durchmesser der Holzstange gebohrt. Mit Klebstoff werden nun die Stangen in den Löchern befestigt. Gut trocknen lassen! Zum Aufstecken eignen sich Holzperlen oder -kugeln sowie Plastikdeckel von Kaffeedosen, Joghurtbechern und Käseschachteln, die in der Mitte ein Loch im Durchmesser der Stange erhalten. Pappdeckel und Bierdeckel werden mit verschiedenen Farben beklebt, bemalt und gelocht und können dann nach Farben sortiert aufgesteckt werden.

Spiele mit Wäscheklammern

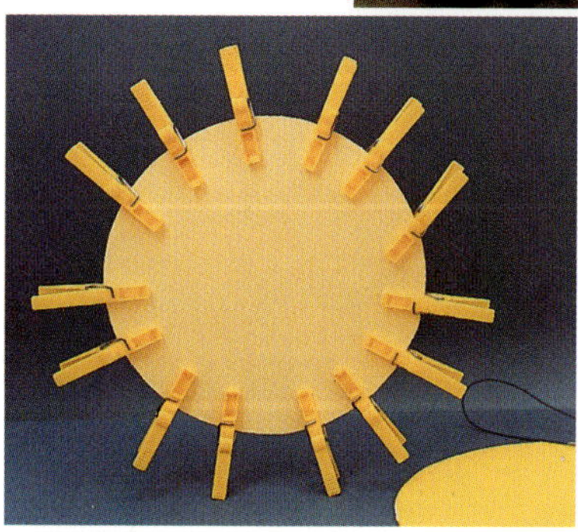

Das Aufdrücken der Klammern erfordert viel Kraft für Zeigefinger und Daumen (Pinzettengriff). Zeigen Sie Ihrem Kind, dass sich die Klammern nur mit kräftigem Druck öffnen lassen. Zweijährige schaffen das anfangs nur mit Mühe. Zunächst haben die Kinder viel Spaß am Aus- und Einräumen der Klammern in Behälter, vor allem, wenn es mit Geräuschen verbunden ist.

Klammersonne Auf einer runden Pappe, möglichst gelb bemalt oder beklebt, werden viele Wäscheklammern befestigt. Oft lassen sich Holzklammern leichter handhaben.

Klammerkrone Für ein Indianerfest oder für ein Prinz- oder Prinzessinnenspiel werden viele bunte Klammern an einem 5 cm breiten Stirnband aus Pappe oder Wellpappe befestigt.

Wer will fleißige Puppeneltern sehen ...

Zwischen zwei Stühlen oder zwei Bäumen wird eine Wäscheleine (Paketschnur) gespannt. Taschentücher, Puppenwäsche, Windeln, aber auch Zeitungspapier oder Papiertüten usw. können nun daran befestigt werden. Die »Arbeit« kann mit dem Lied von den fleißigen Waschfrauen (siehe S. 92) versüßt werden. Beim Abnehmen der »Wäsche« sollten die Klammern vorsichtig geöffnet und nicht einfach herabgerissen werden.

Wer schafft es, zwei Teile, die zusammengehören (wie Schuhe, Strümpfe, Handschuhe usw.), festzuklammern?

Unterhaltsam wird das Spiel auch, wenn man sich gegenseitig Klammern ansteckt.

Hämmerchenspiel

Aus Abfallholz, ca. 10 cm breit, kann leicht eine kleine Werkbank zum Klopfen und Hämmern, eventuell auch zum Schrauben, hergestellt werden. Mit Holzhandbohrer oder Bohrmaschine werden zunächst beliebig viele Löcher hineingebohrt. Sie sollten enger als die hineinzusteckenden Holzdübel sein, damit diese nicht durchfallen. Beide Seiten des Brettes werden mit einem dicken Stück Holz oder Styropor unterklebt, so dass eine Bank entsteht (Holz- oder Styroporkleber verwenden). Nun können die Holzdübel so hineingeklopft werden, dass sie verschwinden und beim Umdrehen der Bank wieder auftauchen und mit neuem Schwung bearbeitet werden können.

Fädelspiele

Bierdeckel, die mit einem Locher unregelmäßig gelocht werden, können zu »Fummelspielen« werden, die an Mutters Näharbeiten erinnern und viel Konzentration und Geschick verlangen. Leicht kann mit Farbe oder bunter Folie aus dem Bierdeckel ein Frosch, Käfer oder Schmetterling gezaubert werden. Schwieriger wird das Fädeln mit Rundhölzern (Besenstiel), in die mit einem Bohrer Löcher gebohrt werden. Beim Auffädeln von Perlen, gelochtem Papier, zerschnittenen Trinkhalmen, gelochten Korkenscheiben, Nudeln usw. sollte der Faden so fest sein, dass keine Nadel verwendet werden muss. Es eignen sich Schnürsenkel, Lederband, Perlonfaden oder dicke Wollfäden, deren Spitze mit Klebstoff verstärkt wird.

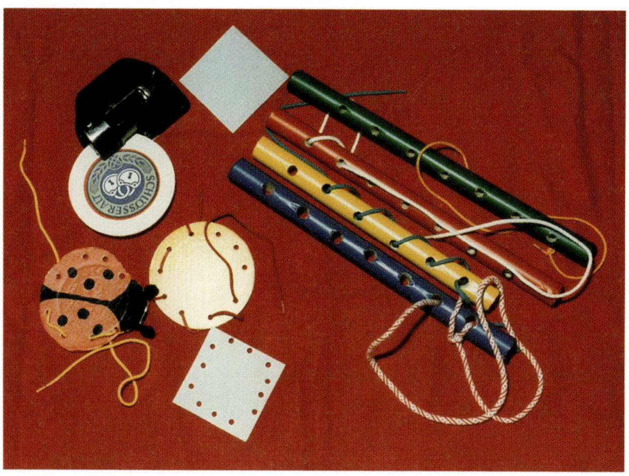

Teppichbodentiere

Aus Resten von Teppichböden können Sie schöne Tiermotive, Rechtecke und andere einfache Formen schneiden.

Ihr Kind kann die Motive mit Wollresten, Filz oder Watte verzieren, die auf der Oberfläche des Teppichbodens haften, ohne festgeklebt werden zu müssen. Eine Aufgabe, die schon die Kleinsten erfüllen können.

TIPP Diese Schmuckkunstbilder bilden auch erste Geschenke oder können das Kinderzimmer schmücken.

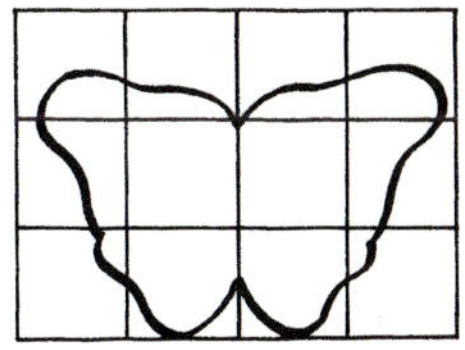

1 Kästchen = 5 x 5 cm

Puzzlespiel aus Salzteig

Bei diesen Spielen müssen Kinder besonders genau hinschauen, um unterschiedliche Formen und Größen richtig einordnen zu können. Für den Anfang sollten einfache Spiele bevorzugt und der Schwierigkeitsgrad nur langsam gesteigert werden. Mit den Puzzlespielen aus Salzteig können Sie Ihre eigenen Ideen verwirklichen und gleich mehrere Spiele herstellen.

Dazu brauchen Sie: 1 bis 4 große Deckel mit Rand (Keksdosendeckel, Alufolienschale, Schuhkartondeckel), Nudelholz, Schüssel zum Anrühren, 3 bis 4 Ausstechförmchen (Kreise in unterschiedlicher Größe und andere Motive), 3 bis 4 Holzstäbchen mit Perlen oder Pinnwandpicker für die Griffe, Klebstoff.

Rezept für Salzteig: 2 Tassen Mehl, 1 Tasse Salz, 1 knappe Tasse Wasser, 1 Esslöffel Öl.
Zum Färben der Masse: Lebensmittelfarbe, Fingerfarbe.
Zum Anmalen: Plakatfarbe, Klarlack, Lack in verschiedenen Farben.
Und so wird's gemacht: Mehl, Salz, Wasser, Öl und Farbe werden zu einem geschmeidigen Teig verarbeitet.

TIPP

Damit sich die Salzkristalle auflösen, lassen Sie den Teig mindestens zwei Stunden, besser eine Nacht, im Kühlschrank in einem Plastikbeutel ruhen.

Teig gut durchkneten. Falls er an den Händen klebt, geben Sie Mehl zu; ist er zu krümelig, fehlt Wasser.

Der Teig wird ca. 2 cm dick ausgerollt und so in einen Deckel gelegt, dass er mit diesem bündig abschließt. Für das erste Puzzle genügen drei bis vier Kreise in unterschiedlicher Größe, die als Förmchen in den Teig gedrückt werden. Pinnwandpicker oder ein Hölzchen, das mit einer Perle beklebt ist, werden nun in die Mitte der Motive gesteckt. (Die Pinnwandpicker müssen eventuell an den Spitzen etwas gekürzt werden, damit sie nicht durch den Teig stoßen.) Alle Teile werden nun 14 Tage an der Luft getrocknet, wobei die Ausstechförmchen mit Inhalt zunächst im Teig bleiben und erst nach einer Woche entfernt werden. Ist auch der untere Boden trocken, wird alles mit Lack versiegelt. Soll ein ungefärbter Teig angemalt werden, muss er besonders gut trocken sein. Mit Tusche und Plakatfarbe wird ein intensives Resultat erzielt. Größere Kinder helfen schon gern beim Kneten, Ausstechen und Anmalen. Als Mitbringsel stellen Salzteigpuzzle eine besonders individuelle Geschenkidee dar. Auch Mobiles aus anderen Ausstechformen wie Sterne, Mond, Sonne, Tiere, Herzen können leicht hergestellt werden. Hängen Sie die Motive anschließend an einen Zweig.

Erstes kreatives Gestalten

Das Experimentieren mit unterschiedlichen Materialien wie Knete (Salzteig), Kleister, Farbe, Wasser, Sand, Papier, Teppichresten und anderen Dingen regt die Sinne auf vielfältige Weise an. Die Gestaltung sollte ganz der Phantasie des Kindes überlassen bleiben, denn es wird noch lange dauern, bis es etwas gezielt malt oder bastelt. Oft sind Eltern versucht, zu sehr das Spiel nach ihren Vorstellungen zu beeinflussen. Zurückhaltung ist aber wichtig, denn sonst wird das Kind schnell mutlos und kann nicht mehr unbefangen und kreativ seine »Kunstwerke« gestalten.

Kneten ist eine gute Übung für die Fingermuskulatur, die dadurch gekräftigt wird. Am geschmeidigen Material der Knete (siehe Rezept S. 93) haben auch schon die Kleinsten ihre helle Freude. Drücken, reißen, pressen, klopfen, rollen, schneiden oder Löcher bohren bereitet ihnen höchstes Vergnügen. Bald möchte das Kind dem Erwachsenen nacheifern und Plätzchen zum Backen ausstechen. Mit Nudelholz, Teigrädchen und vielen Ausstechförmchen lässt es sich gut experimentieren. Mit einem Knetmesser (Bastelladen) oder einem Plastikeinwegmesser kann man von einer selbstgerollten »Salzteigwurst« kleine Scheiben abschneiden. Wird Knete durch eine Knoblauchpresse gedrückt, gibt es »Spaghetti«.

Eine »Großbäckerei« entsteht zu Weihnachten und Ostern, wenn aus Salzteig viele Motive ausgestochen werden, die Tannenbaum oder Osterstrauch schmücken. Besonders einfach kann auch ein Hand- oder Fußabdruck hergestellt werden.

Und so wird's gemacht: Eine Hand voll Teig wird auf einem Pappteller so verteilt und glatt gestrichen (mit einem Nudelholz), dass Kinderhand oder -fuß darauf platziert werden kann. Auch dieses Kunstwerk muss ca. 14 Tage trocknen, ehe es angemalt werden kann. Die Schmuckmotive erhalten ein Loch (mit Schaschlikstab) und einen Perlon- oder Wollfaden (Geschenkband) zum Aufhängen nach dem Trocknen. Bunt lackiert sehen sie besonders schön aus.

Wollt ihr fleißige Bäcker seh'n

Volkstümliches Spiellied: »Wollt ihr fleißige Handwerker seh'n«
Text: Autorinnen

2 – Schaut mal her, schaut mal her,
das Ausrollen ist gar nicht schwer.
3 – Welch ein Spaß, welch ein Spaß,
fertig ist der kleine Has'.
4 – O wie fein, o wie fein,
nun kommt der Teig zum Ofen rein.
5 – Lasst mal schau'n, lasst mal schau'n,
das Häschen ist ja kaffeebraun.

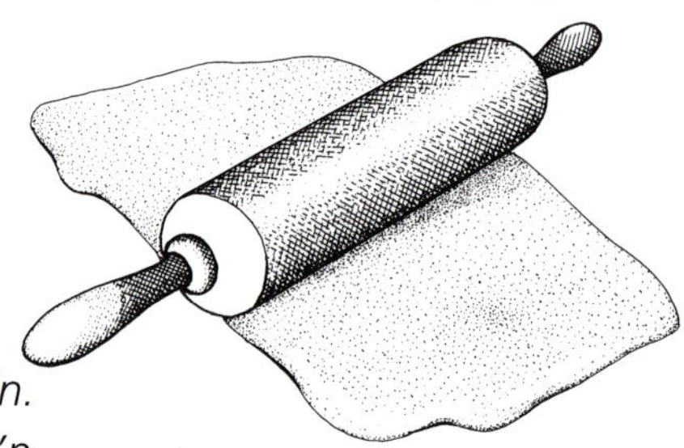

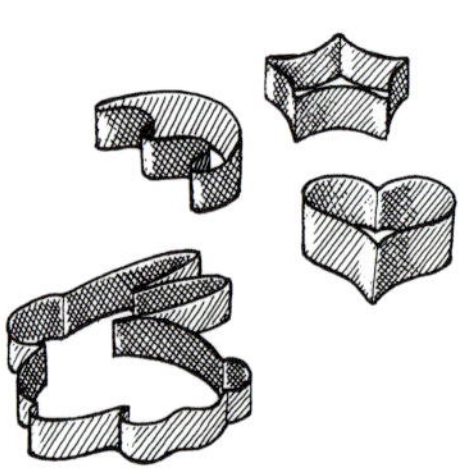

Selbst gefertigte Knete aus Salzteig

Da diese Knete besonders geschmeidig ist, eignet sie sich besser als gekaufte. Nach folgendem *Rezept* wird sie Ihnen gut gelingen:

400 g Mehl, 200 g Salz, 400 ml heißes Wasser, 4 Esslöffel Öl, Lebensmittelfarbe oder Fingerfarbe zum Färben des Teiges.

Die Zutaten werden gut miteinander vermischt und in der Küchenmaschine oder mit dem Rührstab durchgeknetet.

TIPP Die Knetmasse bleibt ein halbes Jahr lang geschmeidig, wenn sie nach Gebrauch luftdicht verschlossen (Plastiktüte) im Kühlschrank aufbewahrt wird.

Anfangs genügen zwei Farben, doch auch ungefärbter Teig begeistert die Kinder. Soll er nach dem Trocknen angemalt werden, bieten sich Wasserfarben (Tusche) oder Plakatfarbe an. Klarlack macht die Sache glänzend.

Phantasievolle Klebebilder

Zum Kleben eignen sich Papier, Pappe, Wollfäden, bunte Watte, Samen usw. und im Herbst bunte Blätter und Blumen (getrocknet). Da das Kind viel Klebstoff verbraucht, sollte er preiswert und ungiftig sein.

TIPP

Gut eignet sich Tapetenkleister, der nach Packungsvorschrift angerührt wird. Bombenfest klebt auch der selbstgekochte Leim.

Dazu brauchen Sie: 100 g Mehl, 300 ml Wasser.

In einem kleinen Topf werden Wasser und Mehl so angerührt, dass keine Klumpen entstehen, und 5 Minuten unter ständigem Rühren gekocht. Eventuell muss etwas Wasser zugegeben werden, so dass eine cremige Masse entsteht. Der Leim hält sich in einem Schraubglas im Kühlschrank einige Tage.

Und nun kann's losgehen: Die Arbeitsfläche können Sie mit einem Wachstuch oder mit Papier (Packpapier, Zeitungen) abdecken. Auf einem großen Kartonblatt, Pappe oder Partyteller wird der Leim mit den Händen oder einem breiten Pinsel aufgetragen. Nach gründlichem Händewaschen kann alles auf die Leimfläche geklebt werden. Der künstlerischen Komposition sind keine Grenzen gesetzt.

Kleine Dinge aufzukleben, erfordert Konzentration, Geschicklichkeit und Ausdauer. Beim Reißen von Papierschnipseln kann noch etwas geholfen werden. Es eignen sich Illustrierte, Kataloge, Prospekte, buntes Papier, Urlaubskarten usw.

TIPP

Zum Trocknen sollte das Blatt mit Büchern beschwert werden, damit sich das Werk nicht wellt.

Balkon-Windlicht oder Blumenvase

Hat Ihr Kind schon etwas Erfahrung mit dem Kleben, kann es mit ein wenig Hilfe diese Bastelei bewältigen.

Dazu benötigen Sie: 1 Marmeladen- oder Honigglas mit breiter Öffnung, viele bunte Transparentpapierschnipsel, selbstgekochter Leim oder Tapetenkleister, eventuell 1 Pinsel, 1 Teelicht.

Sollen Blumengefäße entstehen, eignen sich dafür große Joghurt- oder Quarkbecher.

Und so wird's gemacht: Das Gefäß wird mit Leim bestrichen und nach dem Händewaschen mit vielen Schnipseln beklebt und glatt gestrichen. Es darf auch übereinander geklebt werden. Dadurch entstehen oft besonders interessante Farbeffekte. Anschließend kommt ein Teelicht in das Glas und wird mit einem langen Streichholz angezündet.

TIPP Bei so einem gemütlichen Schummerstündchen können Laternen- oder Abendlieder gesungen werden. Mit einer Gutenachtgeschichte klingt der Tag leichter aus.

ACHTUNG Die Kinder immer im Auge behalten, da angezündete Kerzen nicht nur für eine gemütliche Stimmung sorgen, sondern auch zum Kokeln reizen. Sie müssen darauf nicht verzichten, sollten den Kindern aber erklären, wie gefährlich Feuer sein kann.

Stempeldruck-Spiele

Drucken mit Wein- oder Sektkorken beflügelt kleine und große Kinder gleichermaßen und bietet sich als Familienspiel an. Während die Kleinen ihr Vergnügen im bloßen Stempeln finden, werden die Großen mit einem Motiv wie Baum, Haus oder Blumenwiese schon etwas mehr gefordert.

Sparsamer wird der Farbverbrauch, wenn Sie sich ein ***Stempelkissen*** selbst herstellen. Dazu nehmen Sie die Deckel von Schraubgläsern oder kleinen Plastiktöpfchen und legen sie mit Schaumstoff oder Filz aus. Verteilen Sie darauf ca. 1 Teelöffel Fingerfarbe und zeigen Sie Ihrem Kind die Stempeldrucktechnik.

TIPP Mehrere Farben erfordern viele Korken, doch auch das Vermischen von Farbe lässt effektvolle Kompositionen entstehen.

Je nach Jahreszeit passen folgende Lieder: »Schneeflöckchen, Weißröckchen«, »Schnee, Schnee, Schnee, Schnee, wohin ich seh'« (S. 77), »Im Garten steht ein Schneemann« (S. 78), »Grün, grün, grün sind alle meine Kleider«.

Auf der grünen Wiese
steht ein großer Baum,
trägt so schöne Äpfel,
sind herrlich anzuschaun.
Rote, gelbe, grüne,
eins und zwei und drei,
rote, gelbe, grüne
Farben sind dabei.
(Melodie: »Karusselfahrt«, S. 30.)

Zum Stempeln und Malen vieler bunter Blumen eignet sich nach gleicher Melodie folgender Text:

Auf der grünen Wiese
blühen Blümelein,
möcht' sie gerne pflücken,
ach, das wäre fein!
Rote, gelbe, blaue,
einen bunten Strauß.
Rote, gelbe, blaue
nehm ich mit nach Haus.

Stell sie in die Vase,
herrlich sieht das aus,
meine Mami freut sich
über'n Blumenstrauß.
Rote, gelbe, blaue,
bunt ist jetzt mein Strauß.
Rote, gelbe, blaue
schmücken jetzt das Haus.

Malspiele

Malen entspannt und ist ein Vergnügen, das sich nach Tobespielen oder zum Tagesausklang anbietet. Farbe hautnah spüren und mit allen Sinnen zu erleben, ist ein Vergnügen besonderer Art.

Das Kind braucht dazu viel Platz, da es noch mit dem ganzen Körper in weit ausholenden Bewegungen malt.

Leicht lassen sich zur Erinnerung an diese Freude Fuß- oder Handdrucke auf weißem Kartonpapier herstellen.

Ein aus einem Karton erstelltes ***»Eigenheim«***, eine aus mehreren Kartons bestehende ***Bahn*** oder ein ***Kartonauto*** malen auch schon Kleinkinder gern nach eigenem Geschmack mit Händen oder Pinsel an.

Mit den Fingern können herrliche ***Druckbilder*** entstehen. Dazu werden die Fingerspitzen in Farbe getaucht und viele kleine Punkte auf Papier, Pappe oder Partyteller aufgebracht. In die Mitte des Bildes kann dann ein Foto geklebt werden, wodurch ein Geschenk besonderer Art entsteht.

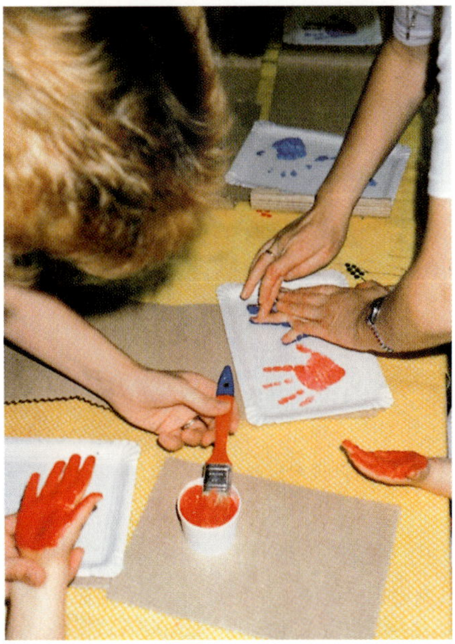

TIPP

Das Malvergnügen in der Wohnung sollte gut vorbereitet werden. Damit die Malfläche nicht verrutscht, wird das Papier, die Tapetenreste oder das Packpapier mit Klebeband auf den Tisch festgeklebt.

Zum Malen gut geeignet sind Wachsmalstifte oder -blöcke. Es gibt auch ungiftige Fingerfarbe aus Lebensmittelfarbe. Für weniger Geld können Sie die Fingerfarbe selbst herstellen, siehe Rezept unten.

TIPP

Eine alte Bluse oder ein Oberhemd, das hinten geknöpft wird, stellen eine ideale Schutzkleidung dar. Sorgen Sie für Papierhandtücher und Wasser oder anschließenden Badespaß.

Nicht alle Kinder haben gleichermaßen Freude am Farbemanschen. Auf behutsame Weise kann diesen Kindern mithilfe eines Pinsels, Stöckchens oder Schwamms der Umgang mit dem Material vertraut gemacht werden. Oft überträgt sich auch der Spaß in einer Gruppe. Das Malen nach Musik ist eine besondere Form des gelockerten Umgangs mit Farbe.

Rezept für selbst gemachte Farbe: 1 Tasse Mehl, 1 Tasse Wasser, etwas Fingerfarbe oder Lebensmittelfarbe zu einer dicklichen Creme verrühren.

Gekochte Farbe: 1 Tasse Mehl, 2 Tassen Wasser, etwas Zitronensaft zum Kochen bringen. Teilen Sie den Teig in 2 bis 4 Portionen und geben Sie unterschiedliche Finger- oder Lebensmittelfarben dazu. Die Farbe hält in einem Schraubglas im Kühlschrank einige Tage.

Zur Begleitung eignet sich folgendes Lied:

Farbenvers

Grün, grün sind alle meine Kleider,
grün, grün, grün ist alles, was ich hab.
Darum lieb ich alles, was so grün ist,
weil mein Schatz ein Förster, Förster ist.

Rot, rot, rot sind alle meine Kleider ...
weil mein Schatz ein Feuerwehrmann ist.

Gelb, gelb, gelb sind alle meine Kleider ...
weil mein Schatz ein Postbote ist.

Spaß macht es auch, eigene Verse zu erfinden.

Allerlei aus Gips

Schätze, die von den Kindern auf Spaziergängen oder anderen Entdeckungsreisen gesammelt wurden, können zu einer eigenen kreativen Gestaltung führen.

Dazu brauchen Sie: Schüssel, 1 Holz- oder Rührstab, Gips aus dem Baumarkt, Pappteller, Deckel eines Schuhkartons oder Formen aus Alufolie, Milchdosenöffner, eine dicke Kordel/Schnur, gesammelte Utensilien wie Steine, Muscheln, Seesterne, Tannenzapfen oder andere Früchte des Waldes (getrocknet), Federn und alles, was das Kind schön findet.

Und so wird's gemacht: Gips nach Packungsanweisung anrühren (2 Teile Gips, 1 Teil Wasser). Füllen Sie den glatt angerührten Gipsbrei in das vorbereitete Gefäß, in das Sie vorher mit dem Milchdosenöffner zwei Löcher eingedrückt haben. Ziehen Sie eine Kordel zum Aufhängen durch. Auf den inzwischen halb fest gewordenen Gips (geht sehr schnell) kann das Kind seinen »Schmuck« verteilen und festdrücken. Aufpassen, dass die Dinge nicht im Brei verschwinden.

TIPP

Zweckmäßigerweise sollte der Tisch mit Zeitungspapier abgedeckt und den Kindern eine Schutzkleidung angezogen werden. Alle Arbeitsgeräte müssen sofort abgewaschen werden, da der Gips schnell bindet.

Eine Alternative stellt der ***Salzteig*** dar (Rezept S. 93). Auf dem ca. 4 cm dick ausgerollten Teig können die Kinder ebenfalls sehr schön ihre Bilder gestalten. So können auf grün gefärbtem Salzteig Blumenwiesen mit getrockneten Blumen entstehen. Der Salzteig trocknet in ca. 14 Tagen an der Luft. Leicht lassen sich mit etwas Hilfe kleine Mäuse oder Igel formen, wobei es nicht auf die Genauigkeit ankommt. Größere Kinder schaffen es allein, die Igel mit Apfel-, Melonen- oder Sonnenblumenkernen zu spicken. Kleine Stöckchen oder Zahnstocher lassen sich noch besser greifen. Die fertigen Igel werden im Heu oder Laub oder unter Tüchern versteckt.

Wenn sich die Igel küssen

Text und Melodie: Heinrich Kuhnen

Musikspiele oder das Experimentieren mit Tönen und Geräuschen

Schon Babys horchen auf, wenn einfache Melodien oder zarte Geräusche erklingen. Kleinkindern macht es ungeheuren Spaß, mit einfachen Mitteln Töne und Geräusche zu erzeugen und damit zu experimentieren.

Auf diese Weise üben sie nicht nur musikalische Fähigkeiten, sondern schärfen alle Sinne und trainieren nebenbei spielerisch Grob- und Feinmotorik. Kinder drücken ihre Empfindungen unbefangen über den Körper aus und schon bald wiegen sie sich rhythmisch, tanzen, klatschen, trampeln und stampfen zu bekannten Melodien. Beim Singen stehen daher Lieder, die zu Bewegung und gemeinsamem Tun auffordern, im Vordergrund.

Zunächst lieben es Kleinkinder, Krach zu machen, wozu sich viele Dinge des Haushaltes eignen: Topfdeckel, umgedrehte Eimer, Töpfe, Kartons, Dosen, Holzlöffel, Schneebesen usw.

Besonders reizvoll wird das Orchester mit selbst gemachten Instrumenten, die leicht nachzufertigen sind.

Eine ***Ratsche*** können Sie aus einem Holz- oder Küchenbrett herstellen, indem Sie von beiden Seiten Wellpappe mit Doppelklebeband befestigen und den Rand mit Stoffklebeband umkleben. Mit Händen oder einem Holzlöffel, auch mit einer Bürste, lassen sich besondere Geräusche hervorzaubern.

Nach der Melodie: »Hopp, hopp, hopp« kann der folgende Text dazu gesungen werden:

Ritsche, ratsche, rei,
kommt alle schnell herbei.
Hört mal dieses Brettchen an,
wie es so schön singen kann.
Ritsche, ratsche, rei,
kommt alle schnell herbei.

Trommeln aus unterschiedlichen Dosen kann sich der kleine Trommler gut umhängen, wenn Sie mit Stoffklebeband eine Schnur daran befestigen. Gut eignen sich Milchpulverdosen, Kaffee- oder Keksdosen, die Sie nach eigener Phantasie mit Glöckchen oder bunter Klebefolie verzieren. Größere Kinder können die Trommeln auch mit Kleister und Papierschnipseln versehen. Einen schönen Klang hat eine leere Waschmitteltonne, die mit einem Fensterleder bespannt wird. Gern gehen die Trommler durch den Raum und können mit Holzstäben oder Kochlöffeln ihren eigenen Rhythmus zu folgendem Lied auf die Melodie von »Hopp, hopp, hopp« schlagen.

Bum, bum, bum, der Trommler geht herum.
Mal laut, mal dumpf, mal leise
spielt er auf seine Weise.
Bum, bum, bum, der Trommler geht herum.

Ein erstes ***Schlagzeug*** ist ebenfalls schnell hergestellt. Am besten eignet sich dazu ein Pappkarton oder eine Holzkiste (Weinkiste), in die unterschiedliche Dosen gestellt werden. Ein Schneebesen, mit Glöckchen behängt und in die Kiste gestellt, erhöht die Experimentierfreude. Mit Stäben, Metall- oder Holzlöffel, die mit Stoff, Watte oder Schaumstoff umwickelt werden, kann der »Schlagzeuger« nun nach Herzenslust »Musik« machen.

Flöten und Trompeten lassen sich gut aus leeren Toiletten- oder Haushaltspapierrollen fertigen, die mit Wellpappe umklebt werden. Gebohrte Löcher sorgen für den »guten« Ton (siehe Zeichnung). Durch das Hineinsummen kann die Wiedergabe des Tones verändert werden, indem Sie die Löcher auf- oder zuhalten.

Trompeten findet man in jedem Haushalt in Form von Trichtern (siehe auch S. 112).

Dazu passt nach der Melodie »Hopp, hopp, hopp« das folgende Lied:

Tüdelüdelit, macht doch alle mit,
das Flöten ist doch gar nicht schwer,
seht mal alle zu mir her.
Tüdelüdelit, macht doch alle mit.

Eine ***Ziehharmonika*** wird aus Papptellern oder Plastikdeckeln (Quark- oder Joghurtdosendeckel) und raschelnden Plastiktüten (Einkaufstüten) gezaubert (siehe nächste Seite).

In die Mitte von zwei Papptellern oder zwei Plastikdeckeln wird ein fünfmarkstückgroßes Loch geschnitten, sodass die Tüte durchpasst. Nun wird sie bis zur Hälfte durch das Loch gezogen. Das eine Ende der Tüte wird fest zugebunden. Nachdem ein wenig Luft in die Tüte gepustet wurde, bindet man auch das andere Ende der Tüte fest zu. Durch die Luft ist die Tüte etwas aufgebläht und kann leichter zusammengeschoben und wieder auseinander gezogen werden.

Mit Stoffklebeband werden die Teller bzw. Deckel zusammengeklebt und gleichzeitig verstärkt. Auf geht's nun mit »Quetschkommode« und Gesang wieder nach der Melodie »Hopp, hopp, hopp«:

Dideldadeldum, hört euch alle um,
meine Ziehharmonika
klingt ja heut' so wunderbar.
Dideldadeldum, hört euch alle um.

Für die ***Zimbeln*** eignen sich besonders gut Deckel von Marmeladengläsern, Milchnahrungs- und Keksdosen. Mit einem Milchdosenöffner werden am Rand zwei sich gegenüberliegende Löcher gestanzt. Mit einem Pfeifenputzer oder einem festen Band, das durch die Öffnungen gezogen wird, kann eine Halterung hergestellt werden. Für kleine Hände eignet sich ein großer Knopf, der in der Mitte der Halterung befestigt wird. Die Zimbeln werden nun zusammengeschlagen, wodurch ein helles »Peng, Peng« ertönt.

Viele unterschiedliche ***Sambarasseln*** entstehen aus Milchflaschenhütchen, leeren Filmdosen, Joghurtbechern oder verschiedenen Deckeln. Mit breitem Stoffklebeband werden zwei Teile zusammengeklebt, nachdem zuvor Erbsen, Perlen, Reis, Nudeln oder Kieselsteine, auch Sand, Grieß, Zucker oder Kerne usw. in die Behälter gefüllt wurden. Nach Herzenslust kann nun gerüttelt und geschüttelt und nach der Melodie von »Hopp, hopp, hopp« folgender Text gesungen werden:

Sitt, sitt, sitt, tanzt doch alle mit.
Meine Sambarassel singt,
wenn ihr sie recht kräftig schwingt.
Sitt, sitt, sitt, tanzt doch alle mit.

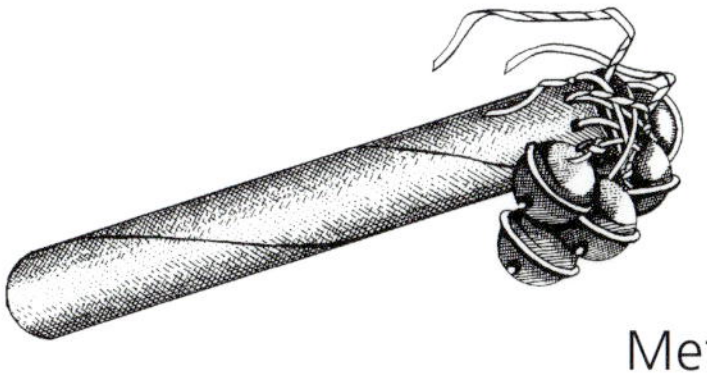

Ein ***Glöckchenstab*** lässt sich aus einer leeren Küchenpapierrolle und Kronkorken- oder auch anderen Metallverschlüssen sowie ein oder zwei Glöckchen herstellen. Mit einem Milchdosenöffner wird jeweils ein Loch in die Metallverschlüsse gebohrt und mit einem dicken Band an einem Ende der Küchenrolle befestigt (siehe Zeichnung).

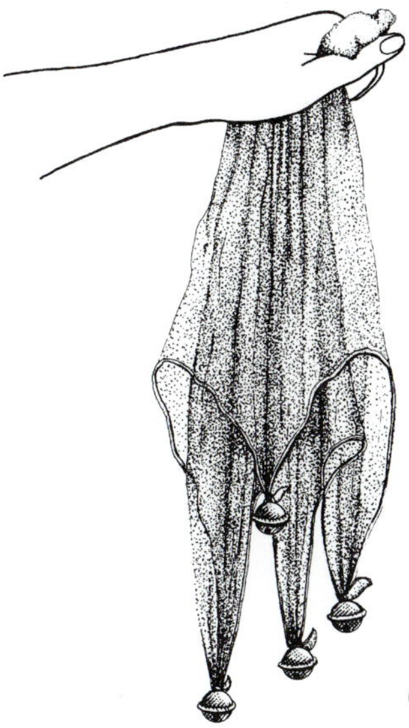

Die Küchenrolle kann nach eigener Phantasie bemalt oder verziert werden, was die Sache noch attraktiver macht. Auch Tücher ergeben Tonquellen (siehe Zeichnung), wenn sie an den Ecken mit Glöckchen versehen werden. Die Kinder können damit winken oder durch den Raum laufen und tanzen.

Pappteller, Joghurt- oder Quarkbecherdeckel sowie eine stabile Pappscheibe werden leicht zum ***Schellentamburin***, indem sie am Rand mit Löchern versehen werden. Kronkorken und andere Metallverschlüsse werden mit einem Milchdo-

senöffner gelocht und mit einem Band sowie einigen Glöckchen locker rund um den Deckel gefädelt.

Auf unseren selbst gebastelten und leicht nachzufertigenden »Instrumenten« können Sie gemeinsam mit Ihrem Kind auf die musikalische Entdeckungsreise gehen.

Fröhliche »Hauskonzerte« helfen, die Begeisterung und Neugier für die Musik zu erhalten.

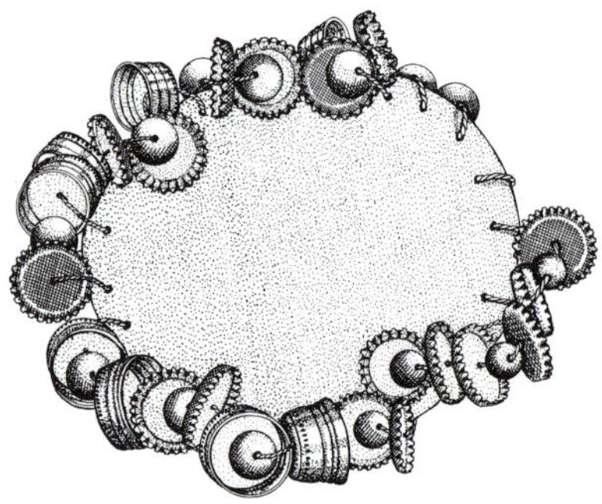

ACHTUNG Für die ganz Kleinen sind Kronkorken nicht geeignet (scharfe Ränder!).

Wir sind die Musikanten

Volksweise

2 – Wir können spielen auf der Trommel.
Terom tom tom, terom tom tom, terom tom tom tom tom.

3 – Wir können spielen auf der Flöte.
Tüdelüt lüt lüt, tüdelüt lüt lüt, tüdelüt lüt lüt lüt lüt.

Rollen- und Nachahmungsspiele

Kinder lernen durch Beobachten und Nachahmung. Es bereitet ihnen Spaß, in einfachen Nachahmungsspielen neue Ausdrucksformen, Bewegungen und Tätigkeiten zu imitieren. Besonders gern werden anfangs vertraute Wesen, deren Mimik, Gestik, Bewegung und Sprache wiedergegeben. Zunehmend lernt ein Kind, sich mit anderen Personen und Sachen zu identifizieren und sich einmal anders zu verhalten. Mit Hand- und anderen Puppen oder Stofftieren erlebt es seine eigene Welt im ernsthaften Nachspiel. Schon Zweijährige ahmen gern Autos, Flugzeuge, Feuerwehr oder Tiere ihrer Umgebung wie Hund, Katze oder Vogel nach. Besonderes Interesse bringt es den Tätigkeiten von Vater und Mutter entgegen.

Berufe, die immer wieder in der Welt des Kindes auftauchen, wie Arzt, Handwerker, Verkäufer, Postbote oder Polizist, werden gern imitiert. Oft kann das Kind auf diese Weise auch unangenehme Dinge, beispielsweise den Besuch beim Arzt, besser verkraften; es lernt, sich mitzuteilen und Probleme zu lösen.

Zu einstudierten Theater- oder Kasperlespielen ist ein Kleinkind noch nicht bereit, gefragt sind vielmehr spontane, aus eigener Phantasie entstandene Nachahmungsspiele, die dem direkten Erlebnisbereich entspringen.

Märchen, Reime und Lieder werden von Kleinkindern unbefangen nachgespielt, wenn es mit anderen Kindern in einer Gruppe dazu die Möglichkeit bekommt. Anfangs brauchen Kinder kaum Requisiten, diese gewinnen erst mit zunehmendem Alter an Bedeutung.

TIPP Es lohnt sich, einige Verkleidungssachen bereitzuhalten, denn mit älteren Freunden oder in der Gruppe wächst die Lust, sich zu verkleiden.

Wollt ihr fleißige Puppeneltern seh'n,
müsst ihr zu den Kindern geh'n.
Sie kochen, waschen, bügeln, tanzen ...
(Melodie: »Wollt ihr fleißige Handwerker/Bäcker seh'n«, S. 92.)

Bei diesem Rollenspiel können Kinder viele Dinge des täglichen Lebens nachspielen. Dazu braucht es keine teuren, perfekt funktionierenden Geräte. Stabile Kartons und andere einfache Dinge aus dem Alltag genügen vollkommen und regen die Phantasie an.

So werden aus Bausteinen »Würstchen« oder »Schnitzel«, die mit »Kastanienkartoffeln« serviert werden. Im Backofen steht ein Sandkuchen für den Puppengeburtstag. Spaß macht es auch, Pudding auf kaltem Wege anzurühren, der mit Bananenscheiben oder Schokostreuseln verziert wird. Anfangs wird sicher die Unterstützung eines Erwachsenen das Spiel in Schwung bringen. Dem kleineren Kind ist es wichtiger, mit Töpfen, Pfannen und Schüsseln zu hantieren. Ein stabiler Karton erfüllt den Zweck eines Herdes vollkommen (siehe S. 110).

Heute ist Waschtag

Eine Menge Puppenwäsche muss gewaschen werden. Eine Wäscheleine wird zwischen zwei Stühle gespannt. Aus einem Karton entsteht eine ***Waschmaschine***, in die die Wäsche kommt.

TIPP

Kleinere Kinder hängen die Wäsche ohne Klammern auf. Die Größeren spielen gern mit Klammern und üben dabei die Handmuskulatur.

Nach dem Aufhängen spielen die Kinder den *Wind*, der die Wäsche schnell trocken bläst. Nun kann die Wäsche gebügelt werden. Als *Bügeleisen* dient ein großer Baustein oder ein Stück Holz. Früher wurde die Wäsche gemangelt, was gut mit einem *Nudelholz* imitiert werden kann.

Dazu passt das Lied von den »Waschfrauen« (siehe S. 109).

Bastelanleitung für Puppenherd und Waschmaschine

Aus stabilen Kartons, die Sie gemeinsam bemalen oder bekleben, werden leicht Herd oder Waschmaschine. Werden die Kartons mit Folie beklebt, sind sie haltbarer und können abgewaschen werden. Für die Waschmaschine eignet sich besonders gut ein leerer Waschmittelkarton.

Weiter benötigen Sie: 1 Rolle Selbstklebefolie oder Tapetenreste, wasserfester Stift (Folienschreiber), um die Herdplatten aufzumalen, 2

bis 4 Schalter (Schraubverschlüsse von Flaschen oder gelochte Holzscheiben), Milchdosenöffner zum Lochen der Plastikverschlüsse, 2 bis 4 Schrauben mit Gegenschrauben. Für Backofen und Waschmaschine werden Türen ausgeschnitten. Die Türen werden mit durchsichtiger Folie von innen beklebt. Zum Schluss werden die Griffe in Form einer kleinen Holz- oder Plastikscheibe angeschraubt oder angeklebt. Auch große Holzperlen eignen sich. Wenn Sie die Kartons lieber anmalen, verwenden Sie am besten Finger- oder Plakatfarbe.

Puppenbadespaß

Dieses Rollenspiel ist nicht geschlechtsspezifisch und Jungen wie Mädchen können sich gleichermaßen dabei austoben. So zu tun wie Mutter und Vater ist reizvoll, und unbefangen werden die Rollen getauscht.

TIPP

Besonders wertvoll sind diese Spiele, wenn ein Geschwisterkind dazu gekommen ist und alles, was die Mutter mit dem Baby macht, nachgespielt werden kann.

»Alle meine Entchen« und andere Lieder stimmen zum fröhlichen Baden ein.

Gehen die Puppenkinder schlafen, bringt folgender Vers die Schlafstimmung, die sich eventuell auch auf die Puppeneltern überträgt.

Schlaf, mein kleines Püppchen,
schlafe ganz schnell ein.
Der Mond und auch die Sternelein,
die schauen schon zum Fenster rein.
Schlaf, mein kleines Püppchen,
schlafe ganz schnell ein.

Trara, die Post ist da!

Im Mittelpunkt dieses Rollenspieles steht als ***Briefkasten*** ein Karton, den Sie mit dem Kind gemeinsam anmalen oder mit gelber Folie bekleben und mit unterschiedlichen Einwurfschlitzen versehen können. Eine *Umhängetasche* für die auszutragenden *Briefe*, ein *Posthorn*, *Telefon*, *Stempel* und *Stempelkissen*, ein *Locher* und viele *Urlaubskarten, Briefumschläge, Papier* und *Stifte* vervollständigen das kleine Postamt.

Als Klebemittel für *Briefe* und *Briefmarken* (selbstgeschnittene) genügt der preiswerte und gesundheitlich unbedenkliche Mehlkleister (siehe S. 94). Zum Stempeln wird Fingerfarbe mit Sekt- oder Weinkorken auf die Post gedruckt. Eine *Mütze* mit Postsymbol, dazu ein selbstgebasteltes ***Posthorn*** aus Wasserschlauch und Trichter sind beliebte Utensilien.

TIPP Ein Besuch beim Postamt beflügelt die Phantasie.

Bastelanleitung für das Posthorn

Aus einem Trichter und einem Stück Plastikschlauch (Garten- oder Baucenter) von ca. 60 cm Länge und der Dicke des Trichters entsprechend, lässt sich leicht ein Posthorn herstellen. Der Trichter wird an dem einen Ende des Schlauches mit Kontaktkleber befestigt. Anschließend wird der Schlauch zum Kreis zusammengelegt und mit Gewebeband fixiert.

Tra-ri-ra, der Postmann, der ist da!
Bringt Pakete, bringt uns Päckchen,
Karten, Briefe in dem Säckchen.
Tra-ri-ra, der Postmann, der ist da!

Tra-ri-ra, ein Brief für mich ist da!
Oma schickt mir viele Grüße,
schreibt, dass sie mich sehen müsse.
Tra-ri-ra, ein Brief von Omama und Opapa.
(Melodie: »Hopp, hopp, hopp, Pferdchen lauf Galopp«.)

»Ach, lieber Doktor Puppenmann«

Manchmal beeindruckt ein Besuch im Krankenhaus oder eine Untersuchung beim Arzt (Zahn- oder Augenarzt) so sehr, dass sich ein neues Rollenspiel anbietet.

TIPP

Mit diesem Spiel können Ängste abgebaut oder ein bevorstehendes Ereignis wie Krankenhaus oder Arztbesuch gut vorbereitet werden.

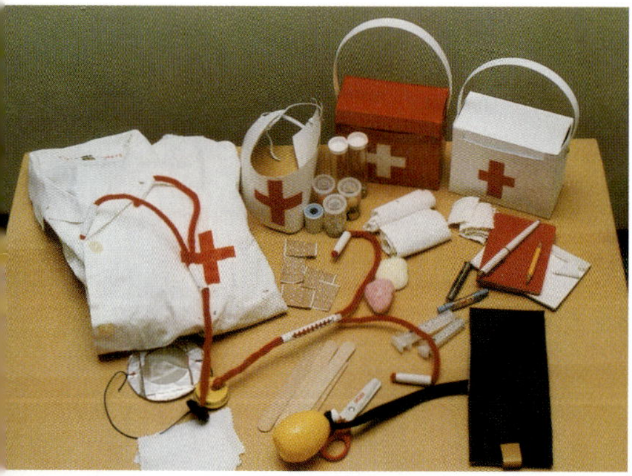

Dazu brauchen Sie keine teuren Requisiten. In der Phantasie der Kinder können sich alltägliche Dinge leicht in entsprechende Spielutensilien verwandeln. So werden weiße Bluse oder Oberhemd zum *Arztkittel*, alte Handtücher oder Mullwindeln zu *Verbandsmaterial*. Aus leeren Filmdöschen und anderen Gefäßen werden *Arzneibehälter*, die mit Tee oder Wasser gefüllt werden können. Es sind auch keine echten Medikamente nötig, da Kinder sich gut mit imaginären Medikamenten zufrieden geben.

ACHTUNG Auf keinen Fall sollten Bonbons oder Smarties genommen werden, da die Ähnlichkeit mit vielen Pillen zu folgenschweren Irrtümern beim Kind führen können!

Bastelanregungen

Mit Teelöffel und Taschenlampe wird in den Mund geschaut. Einwegspritze ohne Nadel, ersatzweise kleine Hölzchen, werden zum Impfen genommen. Als Thermometer dient ebenfalls ein Holzstäbchen oder auch ein Bleistift. Zwei Pfeifenputzer und ein gelochter kleiner Deckel eines Kinderkostgläschens werden schnell zum *Stethoskop.* Die Enden der Pfeifenputzer werden durch das Loch des Deckels geschoben, auf der anderen Seite befestigt und mit Stoffklebeband überklebt. Die beiden anderen Endstücke werden jeweils mit etwas Gewebeklebeband umwickelt. Auch das Mittelstück kann mit Klebeband umwickelt werden, wodurch ein besserer Halt entsteht. Ein *HNO-Spiegel* entsteht aus einem Bierdeckel, der mit Silberfolie überzogen und mit einem Hutgummi an zwei Seiten versehen wird. Ein *Blutdruckapparat* kann aus

einem nicht zu breiten Stück Wellpappe oder Filz, welches mit Klettverschluss beklebt wird, erstellt werden. Ein Pfeifenputzer wird an einem leeren Zitronenfläschchen mittels Klebeband befestigt. Das andere Ende wird mit Klebeband an die Wellpappe geklebt.
Als *Reflexhammer* dient ein kleines Spielzeughämmerchen. Mit Korken und Fingerfarbe bekommt das *Rezept* einen zünftigen *Stempel*. Es geht aber auch mit weniger Requisiten. Vor allem sollte ein Erwachsener sich über die Geschehnisse beim Arzt oder im Krankenhaus mit dem Kind unterhalten und eigene, nicht zu negative Erlebnisse schildern. Ein Lied oder ein Vers erheitern das Spiel.

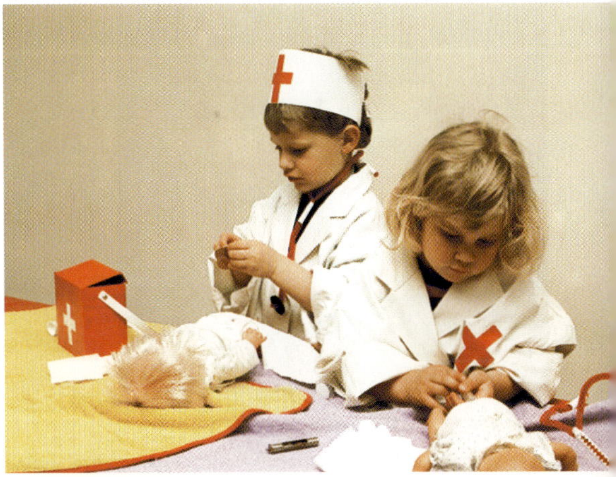

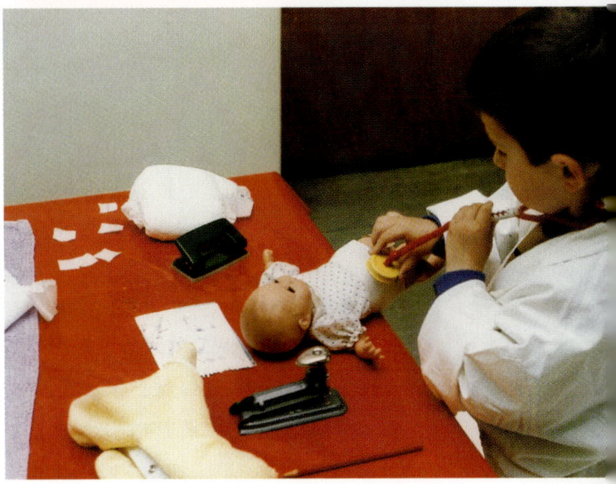

Ach, lieber Doktor Puppenmann,
sieh dir doch mein Kindchen an!
Drei Tage hat es nichts gegessen,
hat immer so stumm dagesessen.
Die Arme hängen ihm wie tot,
es will nicht einmal Zuckerbrot.
Ach, lieber Doktor, sag mir ehrlich,
ist diese Krankheit sehr gefährlich?

Frau Krause, werden Sie nicht bang!
(Name des Kindes einsetzen.)
Der Puls geht ruhig, Gott sei Dank.
Doch darf sie nicht im Zimmer sitzen,
sie muss zu Bett und schwitzen.
Drei Kiebitzeier gebt ihr ein,
(statt Kiebitzeier Hustensaft usw.)
dann wird es morgen besser sein!
Ich empfehle mich, ich muss jetzt gehn!
Ich dank auch schön, auf Wiedersehn.
(Verfasserin: Paula Dehmel)

Für das ***Krankenhausspiel*** entstehen mehrere *Puppenbettchen* aus Schuhkartons (Schuhgeschäft).

Dazu brauchen Sie: 1 Schuhkarton, 2 feste Pappteile für Kopf- und Fußende. Fingerfarbe, eventuell Pinsel, Abziehbildchen, bunte Schnipsel oder Watteflöckchen zum Bekleben. Klebstoff oder selbst angerührter Kleister, Teppichbodenreste für die Matratze, Stoff für Kissen und Decke, gefüllt mit Waschwatte, Schere.

1 Kästchen = 5 x 5 cm

Und so wird's gemacht: Kopf- und Fußteile werden entsprechend der Schablone ausgeschnitten und an den Karton geklebt. Nun kann gemeinsam mit dem Kind das Bett verziert werden. Besonders schön sieht die Wiege mit vielen bunten Fingertupfen aus. Das können auch schon die Kleinsten machen. Dazu etwas Farbe auf einen Deckel tun und mit dem Zeigefinger die Tupfen auftragen.

Entsprechend der Größe des Kartons nähen Sie Decke und Kissen, die aus Filz oder anderen Stoffresten zugeschnitten werden können.

Ein verzierter Schuhkarton erfüllt natürlich auch seinen Zweck. Mit einer Kordel versehen, kann er auch als Auto oder Puppenwagen umfunktioniert werden.

Hänschen klein, ging allein ...

Bei diesem *Liedspiel* kann »Hänschen« natürlich auch Julia oder Nico sein. Mit selbst gebasteltem Hut, einem Stock und Rucksack marschiert das Kind singend durch den Raum.

TIPP In einer Gruppe begeistert dieses Singspiel besonders.

Anfangs, vor allem bei kleineren Kindern, dürfen alle Hänschen sein und bekommen einen Hut (siehe Zeichnung S. 69). Für einige Kinder ist es eine Herausforderung, in einer Gruppe etwas vorzuführen, und sie brauchen deshalb Ermunterung. Anschließend werden Hut, Rucksack und Stock an den nächsten Freiwilligen weitergegeben.

Hänschen klein ging allein
in die weite Welt hinein.
Stock und Hut steht ihm gut,
ist gar wohlgemut.

Doch die Mama weinet sehr,
hat ja nun kein Hänschen mehr,
da besinnt sich das Kind,
läuft nach Haus geschwind.

Auch andere Lieder, zum Beispiel Hänsel und Gretel und Dornröschen, eignen sich wunderbar als *Liedspiel*.

Handpuppenspiel

Auch im Zeitalter des Fernsehens üben Handpuppen auf Kinder eine besondere Faszination aus und regen Phantasie, Kreativität und Vorstellungsvermögen an. Kleinkinder spielen am liebsten das, was sie selbst erlebt haben. Anfangs reichen ein oder zwei Handpuppen aus, um einfache Darstellungen aus dem persönlichen Bereich zu inszenieren. Begeistert wird das Spiel des Erwachsenen verfolgt, der die Kinder in das Spiel mit einbeziehen sollte.

Im munteren Dialog werden spielerisch die Sprachentwicklung gefördert und eventuelle Hemmungen leichter bewältigt. Kulisse und Bühne sind meist noch nicht gefragt und lassen sich durch Stühle, gespannte Decke oder einfache *Kartontheater* leicht improvisieren.

Marienkäfer, Frosch, Biene, Katze usw. können Sie nach beiliegendem Grundschnitt anfertigen. Die ***Käfer*** werden mit schwarzen Punkten aus Filz geschmückt. Schwarze Pfeifenputzer dienen als Füh-

ler. Der ***Frosch*** bekommt besonders große Augen aus dicken Perlen oder Wattekugeln, die mit festem Garn angenäht werden. Glöckchen auf große Knöpfe genäht sehen nicht nur froschähnlich aus, sondern läuten sanft bei jeder Bewegung. Eine rote Schleife oder eine Fliege aus Filz auf dem Kopf heben ihn besonders hervor. Leicht können Sie alte Socken in liebenswerte ***Monster*** verwandeln, indem Sie Knöpfe, Perlen oder Wattekugeln als Augen aufnähen. Wollfäden, Fell oder Watte werden als Haare angeklebt oder genäht.

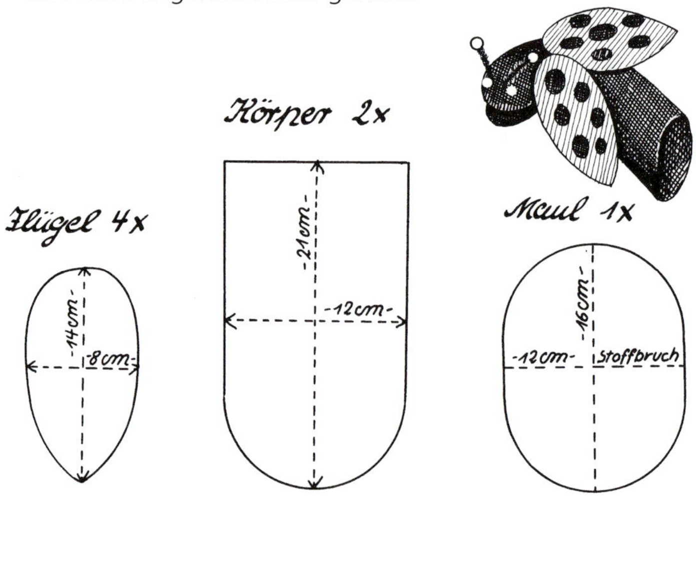

Die Fröschelein

Quelle unbekannt

Quak, quak, quak ... (in der gleichen Melodie)

2 – *Und kommt der Storch, und kommt der Storch,*
dann fliehen wir ins Moor.
Und ist er fort, und ist er fort,
dann kommen wir wieder vor.
Quak, quak, quak ...

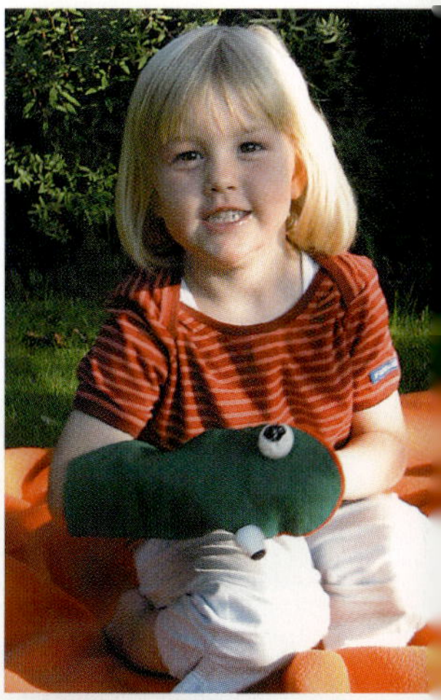

Karton-Theater

Dazu brauchen Sie: Einen stabilen, großen Karton, Fingerfarbe, Tapete, Abziehfolie oder -bilder, eventuell eine kleine Gardine, Gardinenstange (ersatzweise Bambusstab und Bordüre).

Und so wird's gemacht: Entfernen Sie die Hälfte des Kartonbodens, bemalen oder bekleben Sie diesen nach Ihren Vorstellungen. Das Bemalen mit Fingerfarbe macht auch schon den Kleinsten viel Spaß. Besonders zünftig wirkt eine kleine Gardine, die auf- und zugezogen werden kann.

Froschhandpuppen aus grünen Waschlappen

Dazu benötigen Sie: Frottehandschuhwaschlappen, Filz oder Vliesstoff in gelb, rot oder orange und entsprechendes Nähgarn dazu. Für die Augen relativ große Glöckchen, Wackelaugen, Wattekugeln oder Knöpfe, Nähnadel oder Klebstoffpistole.

So wird's gemacht: Den Waschlappen am oberen Ende mit der Schere zu einem halbovalen Froschmaul zuschneiden. Die Innenseite des Maules wird mit rotem oder gelbem Vlies oder Filz ausgelegt und am Rand angeklebt oder angenäht. Zwei Froschaugen entstehen einfach durch zwei entsprechend große Glöckchen, Wackelaugen oder Knöpfen, die gut befestigt werden (siehe Foto). Eine kleine Zunge lässt den Frosch noch etwas pfiffiger aussehen.

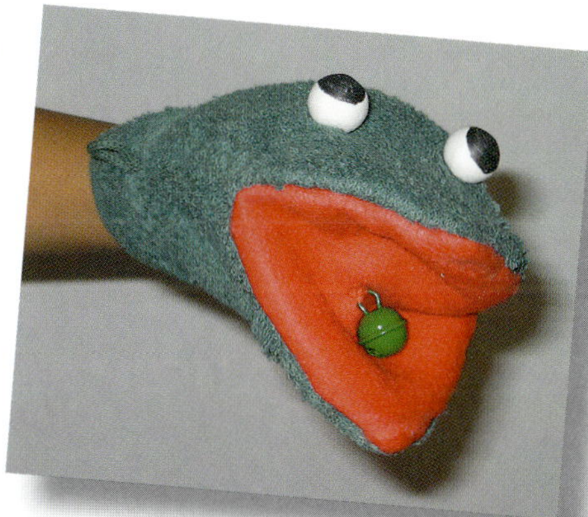

Nach der Melodie von Bruder Jakob bringt folgender Vers den dazugehörigen Spaß:

Ein kleines Fröschchen,
ein kleines Fröschchen
hüpft hinauf, hüpft hinauf,
hüpft dann wieder runter,
hüpft dann wieder runter,
kitzelt auf dem Bauch,
kitzelt auf dem Bauch.

Selbstverständlich findet das Fröschlein auch noch andere Kitzelziele.

Spiel- und Bastelspaß für Kinderfeste

Immer wieder gibt es Gelegenheiten, aus einem gewöhnlichen Alltag einen fröhlichen Festtag zu machen. Wichtig dabei ist die rechtzeitige und gute Vorbereitung.

TIPP Länger als ein bis höchstens drei Stunden sollte ein Fest für Kleinkinder nicht dauern, da die kleinen Gäste schnell ermüden. Die Anzahl der Gäste richtet sich nach dem Alter des Kindes, damit es zu keiner Überforderung kommt.

Zu einem Fest gehören neben dem Angebot besonderer *kulinarischer Genüsse* ein *nichtalltägliches Unterhaltungsvergnügen*. Kleine Kinder sind oft noch nicht in der Lage, einem Spielprogramm zu folgen.

TIPP Es sollten genügend Möglichkeiten zum Nebeneinanderspielen vorhanden sein. Im Schutz vertrauter Erwachsener und beim Vorspiel größerer Kinder lassen sich auch die Kleinen zum Nachahmen und Mitmachen animieren.

Ein Wechseln zwischen bekannten und unbekannten, temperamentvollen und ruhigeren Spielen erleichtert den Ablauf. Besonders in fremder Umgebung lieben die Kleinen Vertrautes sehr.

TIPP Das Spielangebot sollte von der Stimmung der Gäste abhängig gemacht und nie als Programm den Kindern aufgedrückt werden.

Drei bis höchstens vier Spiele sind ausreichend. Nach einem Tobespiel bieten kleine Geschichten oder Handpuppenspiele eine beruhigende Alternative. Höhepunkte, die vor allem schon von den Größeren erwar-

tet werden, müssen nicht teuer sein, wie unsere Spiel- und Bastelanregungen zeigen, und sorgen dennoch für Überraschung und Spaß.

Für ***Gewinnspiele*** haben Kinder dieser Altersstufe noch wenig Verständnis. Wollen Sie trotzdem nicht auf kleine Preise verzichten, so sollten möglichst alle Kinder das Gleiche bekommen. Singen und tanzen in jeder Form dürfen bei einem zünftigen Fest nicht fehlen. Vielleicht kann dazu ein fröhlicher Musikant mit Flöte oder Gitarre den Auftakt geben. Ein ***Lampionumzug*** lässt das Fest ruhig ausklingen, wozu sich für die Kleinsten Luftballonlaternen besonders gut eignen.

Luftballonspiele

Badespaß in Luftballons

Im Planschbecken mit vielen bunten Luftballons werden alle Sinne mobilisiert. Die Luftballons werden schwach aufgeblasen, etwa so groß wie eine Pampelmuse und fest verknotet. Auf diese Weise wird die Gefahr des Platzens erheblich reduziert. Und nun darf nach Herzenslust gehüpft, getaucht und getummelt werden.

»Luftballon, flieg mir nicht davon ...«

Viele Luftballons werden in einer Decke, Gardine oder einem Betttuch gesammelt und von Erwachsenen oder größeren Kindern gehalten. Bei dem Kommando »1-2-3 hoch« wird das Tuch nach oben geschwungen und weggezogen, so dass die Luftballons auf die Kinder herunterschweben. Anschließend werden die Luftballons wieder eingefangen.

Luftballon,
flieg mir nicht davon.
Lass dich stupsen,
lass dich packen,
viele schöne Sachen machen.
Luftballon,
flieg mir nicht davon.
(Melodie: »Hopp, hopp, hopp, Pferdchen lauf Galopp«.)

Luftballontanz für die Größeren

Zwei tanzende Kinder halten zwischen sich einen Luftballon und achten darauf, dass dieser nicht herunterfallen kann.

Dazu eignet sich das Lied »Brüderchen, komm tanz mit mir«, wobei für Brüderchen der Name des Kindes eingesetzt werden kann.

Luftballonlaternen

Dazu brauchen Sie kleine Stäbe oder Stöckchen, an die jeweils ein bis drei bunte aufgeblasene Luftballons mit einer Schleife oder einem Gewebeklebeband befestigt werden. Luftballonlaternen eignen sich vor allem im Sommer, weil es dann erst spät dunkel wird. Sie sind von den Kleinsten gefahrloser als echte Laternen zu tragen. Auch in Wohnungen sind derlei Umzüge ungefährlich.

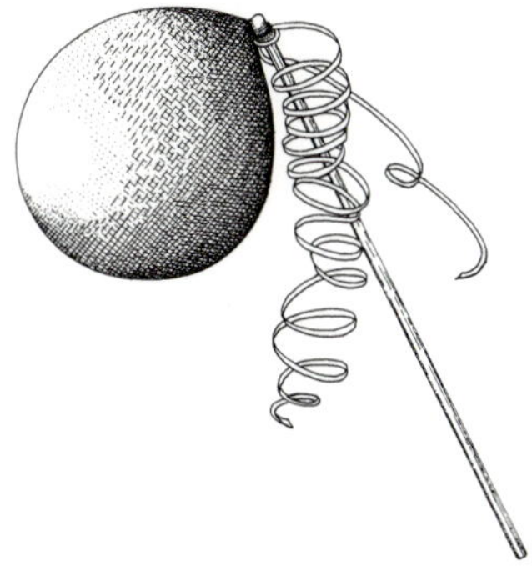

Käfer- und Froschangelspiel

Dazu benötigen Sie: Viele Deckel von Babykostgläschen oder anderen kleinen Glasgefäßen, auch Saft- oder Bierflaschenverschlüsse eignen sich, 1 Stöckchen oder Bambusstab für die Angel sowie 1 Schnur (nicht zu lang), Klebeband, 1 bis 4 Käfermagneten oder andere kleine Magneten, 1 Pinsel, Plakatfarbe und Lack in rot, grün, schwarz. Lackmalstifte für Käferpunkte und Augen, eventuell ein Behälter für die Angelmotive.

Und so wird's gemacht: Käfer und Frösche werden rot und grün angemalt und nach dem Trocknen lackiert. Punkte und Augen werden mit dem Lackstift aufgemalt. Eine Alternative bilden Angelmotive aus Tonpapier, auf die eine Münze geklebt wird. Von den Größeren können sie noch bemalt werden. Die Schnur wird mit dem Stab fest verbunden und mit Klebeband umwickelt, damit sie besser hält. An das Ende kommt der Magnet, der ebenfalls festgeklebt wird.

Und nun »Petri-Heil«! Unter lautem »Quaken«, »Blubbern« oder »Summen« können die Kinder ihr Glück mit der Angel versuchen, wozu viel Geduld, Konzentration und auch Geschicklichkeit gehören.

TIPP Bei den Angelversuchen der Kleinsten ist anfangs noch die Mithilfe der Erwachsenen gefragt.

Nach der Melodie »Bruder Jakob« lässt sich »Kleiner Käfer« singen. Aber auch das Lied vom »Sonnenkäferpapa« (S. 61) passt gut.

Eine andere Möglichkeit ist das ***Angeln mit der Schöpfkelle*** (Sieb). Dazu wird ein Eimer, ein Topf oder eine Schüssel mit Wasser gefüllt. Dinge, die schwimmen, zum Beispiel Tischtennisbälle, Plastikringe, Wäscheklammern und Korken usw., werden mit der Schöpfkelle herausgefischt. Ein Spiel, das sich für Balkon, Garten, Küche oder Bad anbietet und auch die Kleinsten fasziniert.

Kleiner Käfer, kleiner Käfer,
flieg herbei, flieg herbei.
Zeig mir deine Punkte, 1, 2, 3 – 1, 2, 3.
(Melodie: »Bruder Jakob«.)

Seifenblasen

Seifenblasen, Seifenblasen!
Dürft auch welche haschen!
Wenn ihr sie gefangen habt,
steckt sie in die Taschen.
Tragt sie lieber auf der Hand,
kriegen sie keine Falten,
wer sie heil nach Hause bringt,
der darf sie behalten.
(Viktor Blüthgen)

Das Zaubern mit Seifenblasen regt zum Schauen, Staunen und Bewegen an. Im Freien macht dieses Spiel besonders viel Spaß, wenn sich dazu ein Kind oder Erwachsener auf den Stuhl stellt und von dort aus kräftig pustet. Der Wind treibt die kleinen und großen »Glitzerdinger« in alle Richtungen, und das fröhliche Haschen und Fangen kann beginnen.

TIPP Das Blasen können Sie den Kindern gut demonstrieren, indem Sie beispielsweise Papierschnipsel, Wollfäden, Watte oder Federn von Ihrer Handfläche oder vom Tisch pusten lassen.

Um einen Seifenberg zu bekommen, wird eine Schüssel halb voll mit Wasser gefüllt, in das Sie etwas Spülmittel geben. Größere Kinder können nun durch einen Plastikschlauch oder Strohhalm so lange blasen, bis der Berg groß genug ist. Das Blubbern ist gleichzeitig ein toller Ohrenschmaus.

Kunterbunte Seifenblasen
schweben durch die Luft.
Tanzen auf und nieder,
kommen immer wieder.
Da kommt der Pi – Pa – Pustewind
und trägt sie einfach fort geschwind.
Schade!

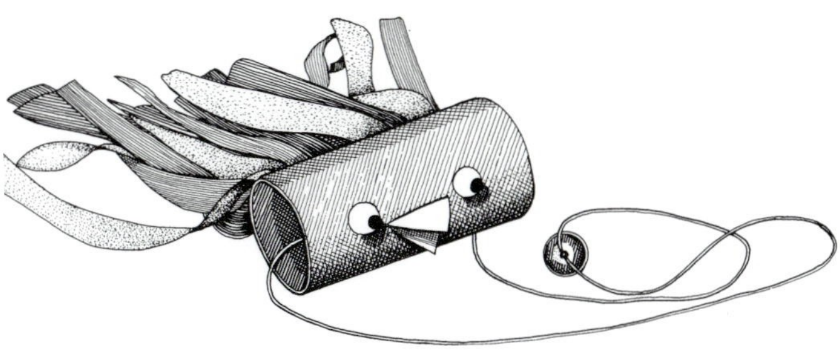

Bunter Paradiesvogel

Eine leere Klopapierrolle wird mit farbigem Tonpapier oder Klebefolie beklebt oder bemalt und anschließend mit vielen bunten Bändern aus Krepppapier geschmückt. Augen und Schnabel werden aufgeklebt oder mit Filzstift aufgemalt. Durch die Rolle wird ein ca. 50 cm langes Band gezogen und verknotet. Beim Laufen wird der Vogel mit dem Arm nach oben gehalten, so dass er herrlich durch die Luft flattern kann.

Liedbegleitung

Kommt ein Vogel geflogen,
setzt sich nieder auf dein' Fuß,
hat ein' Zettel im Schnabel,
von der Mutter einen Gruß.

Lieber Vogel, fliege weiter,
nimm ein' Gruß mit und ein' Kuss,
denn ich kann dich nicht begleiten,
weil ich hier bleiben muss.

Segelschiffe aus Eierkartons

Dazu benötigen Sie: Leere Eierkartons ohne Deckel, Klo- oder Küchenpapierrollen, Schaschlikstäbe, Bind- oder dicker Wollfaden, Klebstoff, Schere, Tonpapier und Stoffreste.

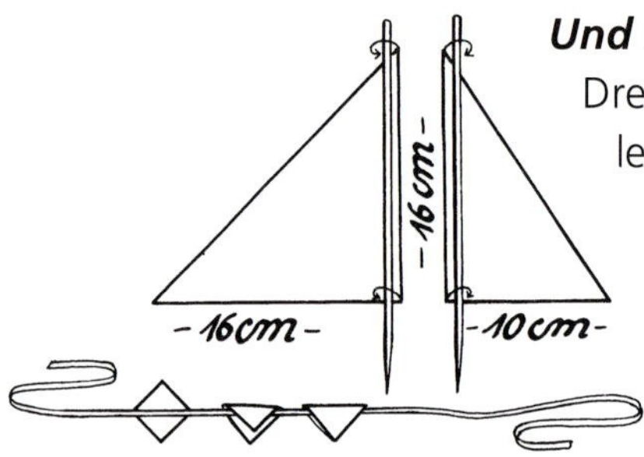

Und so wird's gemacht: Aus dem Tonpapier wird ein Dreieck geschnitten, um das Schaschlikstäbchen gelegt und festgeklebt. Das Stäbchen wird in die Mitte des Eierkartons gesteckt und mit Kleber befestigt. Sie können nach gleichem Muster noch ein Segel fertigen und die Schiffe mit Fähnchen schmücken. Dafür schneiden Sie kleine Dreiecke doppelt aus und bekleben damit ein Band von beiden Seiten. Anschließend wird das Fähnchenband an der Spitze des Mastes sowie an den beiden Seiten des Kartons befestigt. Alle Boote bekommen ein gleich langes Band, das einmal am Schiff und einmal an der leeren Klopapierrolle befestigt wird.

Spielanleitung

Die Boote werden nun mit lockerem Band auf den Boden gesetzt. Die Kinder können im Sitzen oder Stehen das Band um die Klopapierrolle wickeln und das Schiff in den »Hafen ziehen«. Kleine Korkenmännchen können als Matrosen und Bootsmänner (siehe Eierkartonbus, S. 84) in das Schiff gesetzt werden. Auch kleine Überraschungen darf das Boot geladen haben.

Mit etwas Hilfe können größere Kinder ihr Boot selbst basteln. Segel aus weißem Papier können bunt bemalt werden. Sicher werden die Kinder das Schiff gern als Geschenk mit nach Hause nehmen.

Zu diesem Spiel eignet sich auch der *Eierkartonbus*, wenn er dazu mit Band und Rolle versehen wird. Es können auch ganz einfach *kleine Päckchen* an das Band zum Einholen befestigt werden. Noch mehr Spaß macht es, wenn einige der Gäste den Wind durch kräftiges Pusten imitieren. Dazu passt folgender Vers, der nach der Melodie »Hopp, hopp, hopp, Pferdchen lauf Galopp« gesungen werden kann:

Wind, Wind, Wind,
puste mal geschwind.
Die Boote wollen segeln gehen
und sich froh im Winde drehen.
Wind, Wind, Wind,
puste mal geschwind.

Überraschungsclown

Ein Höhepunkt des Kinderfestes kann der lustige Überraschungsclown sein, der mit vielen kleinen Päckchen, die mit Wäscheklammern oder Klebeband befestigt sind, behängt wird. Winzige Überraschungen werden liebevoll in Streichholz-, Käseschachteln oder in leeren Klopapierrollen versteckt und beklebt oder bunt eingepackt. Ziel des Spieles ist es, dem laufenden Clown die Päckchen abzujagen. Auch aufgeblasene Luftballons dürfen ergattert werden.

Überraschungsideen können sein: Abziehbilder, Taschenbilderbücher, kleine Armbänder aus bunten Holzperlen mit Gummizug, Luftballons, Seifenblasen, kleine Autos, Murmeln, Buntstifte, Muscheln und besonders schöne Steine aus dem letzten Urlaub.

Für die etwas größeren Kinder werden kleine Aufgaben auf Zettel geschrieben und verpackt, zum Beispiel auf einem Bein stehen, um einen Tisch herumhüpfen, Purzelbäume schlagen, klatschen, springen, Tierlaute nachmachen usw. Der Phantasie sind keine Grenzen gesetzt.

Klärchen, das Becherpüppchen

Kinder fasziniert es immer wieder, wenn etwas, was sie gerade sehen, plötzlich vor ihren Augen verschwindet und ebenso schnell wieder auftaucht.

Für Klärchen benötigen Sie: 1 leeren Joghurtbecher, 1 Holzlöffel, Wollfäden oder Fellreste für die Haare, Stoffreste für das Kleid, 2 Holzperlen für die Hände, 1 Pfeifenputzer für die Arme, Klebstoff, wasserfester Malstift für das Gesicht, spitze Schere.

Und so wird's gemacht: In den Boden des Joghurtbechers schneiden Sie ein kleines Loch, so dass der Holzlöffel gut bewegt werden kann. Der Löffel wird an seiner Rundseite mit Fell oder Wolle beklebt. Der Stoff für das Kleid wird doppelt gelegt und ausgeschnitten, an der Bruchkante eine Rundung für den Halsausschnitt schneiden. Der Pfeifenputzer wird so um den Stiel gewickelt, dass zwei Enden als Arme übrig bleiben, auf die jeweils eine Perle gesteckt und geklebt wird. Nun das Kleid anziehen und mit einem Band unter den Armen halten. Zum Schluss noch das Gesicht mit einem Stift auftragen. Nun den Stab von oben in den Becher schieben. Nach Belieben kann er auf und ab bewegt werden.

O Jammer, o Schreck,
das Klärchen ist weg!
Juchhei und Juchha,
schaut, das Klärchen ist wieder da!

Froschstabpuppe

Dazu benötigen Sie: Klopapierrolle, Korken, Holzstäbchen, Stoffreste, Klebstoff, Filz (grün und rot), etwas Watte und schwarzer Folienstift, zwei Glöckchen oder Knöpfe.

Und so wird's gemacht: Legen Sie die Papprolle auf einen Stoffrest und schneiden Sie ein Rechteck zu. Die Breite des Rechtecks entspricht 1,5-fach der Länge der Papprolle, die Höhe dem Umfang der Rolle. Umkleben Sie dann die Papprolle mit dem Rechteck aus Stoff, wobei der untere Rand nach innen geklebt wird. Nun wird der Stab in den Korken

gebohrt (mit scharfer Schere vorbohren). Umkleben Sie ihn mit grünem Filz, der an der Kopfseite abgeschnitten und zugenäht wird.

Der untere Teil wird mit der Schere in lange Zacken geschnitten, durch die Rolle gesteckt und über den Stoff der Papprolle geklebt. Es sollte so viel Spielraum sein, dass der Frosch sich in der Rolle verstecken kann.

Zwei Watteaugen, die eine schwarze Pupille mit Permanentstift aufgemalt bekommen, Glöckchen oder Knöpfe bilden die neugierigen Augen. Ein Froschmaul wird aus rotem Filz ausgeschnitten und aufgeklebt.

Wenn alles getrocknet ist, kann das Versteckspiel beginnen.

Kommt ein Käfer geflogen

Eine leere Dose aus Plastik oder Metall kann leicht zu einem »fliegenden Objekt«, wie Marienkäfer, Schmetterling oder Vogel, werden.

Mit einem Milchdosenöffner am oberen und unteren Teil der Dose ein Loch bohren. Ein kräftiges Gummiband durch beide Löcher ziehen und jeweils mit einer Perle im Inneren der Dose verknoten, um ein Herausrutschen zu vermeiden. Einige Erbsen oder Perlen in die Dose füllen und diese dann verschließen.

Anschließend die Dose mit rotem und schwarzem Filz bekleben. Auf die roten Flügel kommen schwarze Punkte. Für die Fühler werden schwarze Pfeifenputzer und für die Augen zwei rote oder weiße Perlen auf den Filz genäht. Zum Schluss den Dosenrand mit einem roten Gewebeklebeband zusammenhalten.

Hängen Sie den Käfer nun so auf, dass das Kind leicht die Schnur greifen kann. Hui, wie der Käfer fliegen kann, wenn an seiner Schnur gezogen wird!

TIPP

Einen besonderen Auftritt bekommt auch die Marienkäfer-Fingerpuppe (Bastelanleitung S. 65), wenn sie in einem Apfel sitzt, der mit einer Papierserviette umwickelt wird.

Lieder

Verse